GOLDMANN

Buch

Unseren Vorfahren noch geläufig, wird das Wissen um die Einflüsse der Mondrhythmen auf unser Leben erst seit wenigen Jahren wiederentdeckt. Mit Hilfe des praktischen Jahrbuchs lässt sich dieses Wissen für den Alltag nutzen. Die Autoren machen Tag für Tag mit den Grundregeln für Gesundheit und Garten, Haushalt und Renovieren vertraut und benennen den richtigen Zeitpunkt für zahlreiche Tätigkeiten.

Autoren

Johanna Paungger wuchs in engster Vertrautheit mit den Mond- und Naturrhythmen auf. Ihr Großvater ließ sie teilhaben an seinem immensen Wissen um eine gesunde Lebensführung und Vitalität bis ins hohe Alter. Thomas Poppe, Autor und Übersetzer, beschäftigt sich seit vielen Jahren mit den Einflüssen der Mondrhythmen auf den Alltag. Gemeinsam schrieben sie die Longseller *Vom richtigen Zeitpunkt*, *Aus eigener Kraft* und *Alles erlaubt!*, die eine Renaissance des Gesundheitsbewusstseins einläuteten und unzählige praktische Tipps für den Lebensalltag bereitstellen. Darüber hinaus haben sie ein umfangreiches Kalenderprogramm entwickelt, das Tag für Tag die Erkenntnisse des Mondwissens praktisch umsetzt. Neben ausgedehnter Vortragstätigkeit im gesamten deutschsprachigen Raum betreiben die Autoren auch einen kleinen Versand mit selbst entwickelten und zum richtigen Zeitpunkt hergestellten Produkten.

Von Johanna Paungger und Thomas Poppe außerdem erschienen:

Moon Power · Fragen an den Mond · Alles erlaubt! · Aus eigener Kraft · Fit zum richtigen Zeitpunkt – Die Mondgymnastik · Der lebendige Garten · Bauen mit dem Mond · Das Mondlexikon · Jahresübersichten 2023–2033 · Das Tiroler Zahlenrad · Lebenschance Tiroler Zahlenrad

Dazu das umfassende Kalenderprogramm für »Das Mondjahr 2023«:

Abreißkalender · Taschenkalender · Taschenkalender, farbig · Foto-Wandkalender · Wochenkalender · Familienkalender · Wand-Spiralkalender · Streifenkalender · Zeit für mich · Garten-Spiralkalender · Garten-Streifenkalender · NEU: Garten-Abreißkalender

Johanna Paungger
Thomas Poppe

Das Mond-Jahrbuch 2023

GOLDMANN

FSC www.fsc.org MIX Papier aus verantwortungsvollen Quellen FSC® C014496

Klimaneutral* Druckprodukt ClimatePartner.com/14044-1912-1001

Penguin Random House Verlagsgruppe FSC® N001967

1. Auflage
Originalausgabe Mai 2022

in der Penguin Random House Verlagsgruppe GmbH,
Neumarkter Str. 28, 81673 München
Umschlaggestaltung: UNO Werbeagentur, München
Umschlagfoto: FinePic
Satz: Uhl + Massopust, Aalen
Druck und Bindung: GGP Media GmbH, Pößneck
CH · Herstellung: IH
Printed in Germany

ISBN 978-3-442-17942-8

Herzlich willkommen im neuen Jahr 2023!

Sicherheit ist in erster Linie ein Aberglaube.
In der Natur existiert sie nicht,
noch erleben sie die Kinder der Menschen als Ganzes.
Die Gefahr zu meiden ist langfristig nicht sicherer,
als sich ihr Auge in Auge zu stellen.
Das Leben ist entweder ein mutiges Abenteuer –
oder es ist nichts.
Helen Keller

Liebe Leserinnen und Leser,

wer unsere Arbeit und unsere Bücher kennt, der weiß, dass wir nicht müde werden, aufzurütteln und zum eigenen Denken anzuregen. Man kann es nicht oft genug sagen: Nur die eigene Meinung, das eigene Handeln hinterlässt dauerhafte und positive Spuren. Das betrifft den Schutz der Umwelt, Gleichberechtigung, politische oder religiöse Anschauungen. Erst mit eigener Meinung und selbstverantwortlichem Handeln kommen wir voran.

Wenn in einer Gesellschaft nicht die Gerechtigkeit siegt, sondern Geld, Einfluss und Gewissenlosigkeit, ist es umso wichtiger, sich nicht in der Hoffnung schlafen zu legen, dass »die da oben schon wissen, was sie tun«. Geht es der Wirtschaft schlecht, werden bedenkenlos Unsummen unserer Steuergelder verteilt, um ja nicht das »Wachstum« zu gefährden. Aber Wachstum wohin? Wenn eine alleinstehende Mama aus Ihrem Viertel in Not ist, wer kümmert sich wirklich?

Fast alle von uns haben es satt, die Nachrichten zu hören. Egal welcher Sender, welches Medium – überall wird das eigene Süppchen gekocht und werden Land und Leute gespalten. Nicht selten fühlt man sich einfach nur noch machtlos. Wo sind sie geblieben, die

Hoffnungen auf eine bessere Welt? Dabei gäbe es echte Lösungen. Würde man den Lügnern und Ausbeutern nicht so viel Aufmerksamkeit schenken, könnte sich einiges ändern. Touristenausflug ins All für Millionen Euro, Werbung für Snacks und Süßigkeiten, die süchtig machen, usw. Die Aufmerksamkeit wird gesteuert, auch wenn ihr Ziel noch so zerstörerisch ist. Die gleiche Aufmerksamkeit auf die guten Dinge im Leben gelenkt, und die Welt würde anders aussehen. Ein Bio-Bauer mit Herz und Verstand muss oft über viele Jahre auf alles verzichten und hart arbeiten. Selbst dann ist nicht sicher, ob er es schafft. Wenn ein erfindungsreicher Bio-Produzent trotz aller Vorschriften »von oben« doch Erfolg hat, sind gleich die Supermärkte da, kopieren das Produkt in minderer Qualität und bringen es in Massen. Der Bio-Pionier hat dann ausgespielt. Nur ein Beispiel von vielen. Wir sollten das Echte unterstützen! Es wäre genug für alle da, wenn die Mächtigen nicht alles unter sich aufteilen würden.

Für kurze Zeit sind wir fähig, Zusammenhalt zu zeigen, nach Flutkatastrophen, Feuer, Sturm, sogar während einer Pandemie. Meist jedoch nicht lange, dann stehen Betroffene wieder allein da. Und die Medien haben wieder den neuesten Aufreißer oder korrupten Politiker in den Schlagzeilen. Dass wir alle aber etwas ändern können, darüber wird kaum berichtet. Dabei könnte 2023 durchaus etwas Positives bringen. Die nährende Schwingung würde uns zu Hilfe kommen. Geben wir nicht auf, an die guten Dinge zu glauben, und haben wir den Mut, Neuanfänge zu wagen. Lernen wir, das Gute im Leben umzusetzen, und nehmen wir unseren Mut zusammen, damit es uns gelingt, Korruption, Ungerechtigkeit und Falschheit aufzudecken. Wenn wir unserer Aufmerksamkeit eine gute Richtung geben, kann es ein gutes Jahr werden. Unsere Bücher und Mondkalender haben viele gute Tipps für Sie, damit die Umsetzung für eine bessere Zukunft gelingen kann.

Alles Liebe!

Johanna Paungger & Thomas Poppe

Paungger & Poppe seit 1991 – Bücher, Kalender und vieles mehr …

Umweltschutz, Heilkunde, naturgemäßer Hausbau, giftfreier Betrieb von Gartenbau und Landwirtschaft und viele weitere Tätigkeitsfelder waren früher ohne das Wissen um die Mond- und Naturrhythmen gar nicht denkbar. Sich an dieses Wissen zu erinnern gehört zu den wichtigsten Aufgaben von morgen. Mit unseren Büchern versuchen wir, unseren LeserInnen zu ermöglichen, ganz neu einzusteigen und umzudenken, ohne jede Vorkenntnisse, was den Mondeinfluss betrifft. Versuchen Sie es einfach und lassen Sie sich vom Ergebnis überzeugen.

- ***Moon Power*** (Mosaik Verlag). Das Buch enthält alles Wichtige zum Thema Einfluss von Mond- und Naturrhythmen, aufbauend auf den zusätzlichen Erfahrungen der letzten 20 Jahre im Gespräch mit vielen LeserInnen in aller Welt. Ein Buch, das Sie getrost als »Übersetzungshilfe« und kleinen Wegweiser Ihren Söhnen und Töchtern, Nichten und Neffen, Enkeln und allen anderen jungen und jung gebliebenen Menschen anbieten können, die sich für eine gültige Antwort auf die Frage interessieren: »Wie bauen wir eine gute Zukunft für alle?«
- ***Fragen an den Mond*** – *250 Antworten zu Gesundheit, Haushalt und Garten im Einklang mit dem Mond* (Goldmann Verlag). Seit 1991 erhalten wir im Durchschnitt 5 bis 30 Leseranfragen täglich, die wir bis heute persönlich und direkt beantworten. Die wichtigsten und häufigsten Fragen und Antworten bringen wir hier unseren LeserInnen nahe.
- ***Das Tiroler Zahlenrad*** (Goldmann Verlag). Von der bedachten Kindererziehung bis zur Berufswahl auf Basis tatsächlich vorhandener, aber vielleicht noch versteckter Talente – bei alledem kann das hier verborgene Wissen eine große Hilfe sein.

- ***Lebenschance Tiroler Zahlenrad*** (Goldmann Verlag). Mit dem Buch der Lebenschancen erweitern wir das Spektrum der Anwendungsmöglichkeiten des Zahlenrads um einen großen Schritt. Das Zahlenrad als Schlüssel zur Zufriedenheit der Seele – in allen Altersstufen und Lebenslagen!
- ***Der lebendige Garten*** – *Gärtnern zum richtigen Zeitpunkt in Harmonie mit Mond- und Naturrhythmen* (Goldmann Verlag). Der Mond schenkt ein üppiges Blütenmeer, kerngesunde Pflanzen und eine reiche Ernte. Wir zeigen, worauf es beim Gärtnern wirklich ankommt, nämlich auf die Kunst des richtigen Zeitpunkts und die Harmonie zwischen Mensch und Natur.
- ***Alles erlaubt!*** *Ernährung, Körperpflege, Schönheit – zum richtigen Zeitpunkt* (Goldmann Verlag). Das Buch gibt diesen wichtigen Bereichen unseres Alltags ein neues Fundament – jenseits des Diktats der Diätregeln und Kalorientabellen. Mit Alpha-Omega-Ernährungsberatung!
- ***Aus eigener Kraft*** (Goldmann Verlag). Das Werk befasst sich ausführlich mit dem Zusammenhang zwischen Mondphasen und Mondstand im Tierkreis und Wirkung vorbeugender und heilender Maßnahmen für Körper, Geist und Seele.
- ***Bauen mit dem Mond*** – *Renovieren, Hausbau, Holzverarbeitung zum richtigen Zeitpunkt* (Goldmann Verlag). Das Buch kommt den LeserInnen mit jahrtausendealtem Wissen zu Hilfe, um Chemiegifte und Konservierungsmittel entbehrlich zu machen und Krankheiten den Boden zu entziehen.
- ***Vom richtigen Zeitpunkt*** (Irisiana). Unser Klassiker, mit dem alles anfing, 2014 bearbeitet und erweitert!
- ***Fit zum richtigen Zeitpunkt*** – *Die Mondgymnastik* (Goldmann Verlag). Ein Rundumprogramm für körperliche Fitness, seelische Ausgeglichenheit und ganzheitliche Gesundheit mit sanften Bewegungsübungen für alle Altersstufen. »Ich bin jetzt schon 81,

aber seit ich die Mondgymnastik mache, musste ich nicht mehr zum Arzt.« Ein Zitat aus einem der vielen Briefe, die uns erreicht haben. Das Geheimnis dieser Gymnastik liegt im richtigen Zeitpunkt. Das Buch weist einen einfachen und direkten Weg zur körperlichen Aufwärtsspirale. NEU: Mit Übungs-Poster!

- ***Alpha-Omega-Formel*** (Gräfe & Unzer). Ernährung ganz persönlich! Ein Buch, das sich unsere LeserInnen schon immer gewünscht haben! Wir erzählen von einer natürlichen Ernährungsweise, die Fröhlichkeit und Lebenskraft spendet, die gesund macht und gesund hält, die köstlich schmeckt, die wieder Lust macht aufs Selbstkochen – allein und in der Familie. Die Alpha-Omega-Formel enthält wesentliche Bausteine für eine ganz persönliche Ernährungsweise. Mit den vielen spannenden Rezepten lässt sie sich ganz einfach in den Alltag integrieren. Sie macht nicht nur schlank und fit, sondern ist auch gute Medizin, ein wahres Lebenselixier!
- ***Espresso mit dem Teufel*** (Irisiana). Ein Weckruf für die Seele. Thomas Poppe packt in diesem außergewöhnlich tiefgründigen und dabei stets greifbaren und amüsant-provokanten Dialog die großen Themen an, die uns Menschen zutiefst bewegen, ob es uns bewusst ist oder nicht. Er zeigt, wie ein nachhaltiges, spirituell erfülltes Leben im Einklang mit sich selbst, seinen Mitmenschen und der Natur gelingen kann.
- ***Meditieren zum richtigen Zeitpunkt*** (Goldmann Verlag). NEU! Eines der Grundprinzipien des Wissens »vom richtigen Zeitpunkt« lautet: Was ich für die Körperzone tue, die von dem Tierkreiszeichen regiert wird, das der Mond gerade durchwandert, wirkt doppelt positiv (Ausnahme: Operationen). In genau derselben Weise, wie Bewegung zum richtigen Zeitpunkt den Körper stärkt, so stärken Affirmation und Meditation zum richtigen Zeitpunkt Körper und Geist. Ein Buch, das den Geist befreit.

Ein rundes Mondkalender-Programm

Unsere Bücher begleiten wir seit Jahren mit einem vielfältigen Mondkalender-Programm:

- ***Der Streifenkalender***, der überall Platz findet! Er sucht sich mühelos ein Plätzchen, etwa wie bei uns zu Hause im Türrahmen. Er wartet nur darauf, Ihnen bei vielen Alltagsentscheidungen zur Seite zu stehen. Mit allen Symbolen in Farbe, die auch im Taschenkalender enthalten sind. Im Format 12 x 60 cm.
- ***Das Mondjahr – Zeit für mich.*** Im Einklang mit dem Mond leben heißt, im Einklang mit sich selbst leben – ausgeglichen, vital und von natürlicher Schönheit. In diesem Kalender teilt Johanna Paungger ihren immensen Wissensschatz rund um Schönheitspflege, Ernährung, Gesundheit und Fitness zum richtigen Zeitpunkt mit Ihnen. Ein wertvoller Begleiter für jede Frau, im praktischen Handtaschenformat 11,5 x 16 cm.
- ***Der Garten-Spiralkalender.*** Der richtige Zeitpunkt kann Ihren Garten in ein Paradies verwandeln, wenn Sie ihn kennenlernen und beherzigen. Fürs Kennenlernen sind wir da, das Beherzigen ist Ihr persönliches Abenteuer. Auch als ***Streifenkalender*** (Format 12 x 60 cm) und NEU: als ***Tages-Abreißkalender!***
- ***Der Spiral-Wandkalender.*** Auf Anregung vieler LeserInnen haben wir dieses Kalenderformat ins Programm aufgenommen. Ein ganzer Monat auf einen Blick, mit farbigen Tätigkeitssymbolen und viel Platz für Notizen und obendrein noch ein schönes Mondfoto im Querformat – das unentbehrliche Werkzeug im Jumbo-Format, mit den Maßen 33 x 48,5 cm.
- ***Das Mondjahr Taschenkalender*** in Schwarz-Weiß und in Farbe. 160 Seiten im Format 14,5 x 10,5 cm. Das ideale Büchlein

auch für Neueinsteiger. Mit Symbolen und Texten für eine Vielzahl von Tätigkeiten und einer Serie von Mini-Kalendern!

- ***Der Foto-Wandkalender.*** Zwölf wunderschöne Landschaftsfotos mit Mond verwandeln diesen Monatskalender in eine Zierde für Heim und Büro. Enthält sämtliche Symbole und Texte, die auch im Taschenkalender zu finden sind. Viel Mondwissen auf einen Blick im Format 28 x 32 cm.
- ***Die Jahresübersichten 2023–2033.*** 11 Jahre Mondkalender im DIN-A5-Format, eine Loseblattsammlung, wie sie auch unseren ersten beiden Büchern beiliegt. Das unentbehrliche Werkzeug in seiner einfachsten Form. Speziell für alle LeserInnen gedacht, deren Buch-Kalender abgelaufen sind.
- Der original Paungger & Poppe ***Abreißkalender.*** Das Mondjahr für jeden Tag. Mit vielen Mini-Geschichten, die das Wirken der Mondrhythmen leicht verständlich nahebringen, mit zeitlosen Weisheiten und natürlich mit den Grundregeln des Mondwissens. Enthält die vollständige Symbolsammlung. Format 13 x 11,5 cm. Mit einer Serie von Mini-Kalendern für verschiedene Tätigkeiten!
- Der ***Wochenplaner*** für den Schreibtisch mit allen Symbolen und Texten, die auch ***Das Mondjahr*** enthält. Zum Aufstellen für den Schreibtisch im Format 32 x 11 cm.
- Das Mondjahr als ***Familienkalender.*** Das bewährte Mondjahr im beliebten Familienkalender-Format. Ein unentbehrlicher Begleiter durch den Termindschungel Ihrer Familie! Mit allen Symbolen und schönen Mondfotos!
- Und schließlich: ***Das Mond-Jahrbuch.*** Die Idee unseres russischen Verlages: Der Abreißkalender als handliches Taschenbuch! Die bunte Vielfalt von Tipps, Merksprüchen usw. zum immer wieder Nachschlagen und Sammeln. Die ideale Lektüre fürs Nachtkästchen.

Und so verwenden Sie Kalender und Symbole

Bei seinem 28-tägigen Lauf um die Erde durchwandert der Mond dieselben Tierkreiszeichen wie die Sonne, hält sich aber in jedem Zeichen nur zwei bis drei Tage lang auf. Gleichzeitig mit diesem »Mondstand im Tierkreis« und in Harmonie mit den Mondphasen macht sich auf der Erde ein deutlicher Einfluss bemerkbar, den wir im Alltag in vielfältigster Weise nutzen können, in jedem Lebensbereich.

So regiert jedes Tierkreiszeichen eine Körperzone, beeinflusst einen Pflanzenteil und besitzt eine Nahrungsqualität. Diese Informationen sind täglich angegeben und können mit Hilfe unserer Bücher ausgewertet und im Alltag umgesetzt werden. Die kräftig gedruckten Symbole zeigen Ihnen auf einen Blick, welche Tätigkeit gerade besonders begünstigt ist. Ist das Symbol hellgrau dargestellt, dann verspricht die jeweilige Tätigkeit an diesem Tag weniger Erfolg als an allen anderen Tagen. Bitte nicht vergessen: Ein Symbol sagt Ihnen nur, dass sich der jeweilige Tag am besten oder am schlechtesten für die jeweilige Tätigkeit eignet. Das heißt nicht, dass Sie sich bei einem verpassten günstigen Termin Sorgen machen sollten oder dass die Tätigkeit bei einem ungünstigen Termin garantiert ein Misserfolg wird. Wenn Sie beispielsweise einmal bei Fische zum Haareschneiden gehen müssen, gehen Sie einfach beim nächsten Mal bei Löwe oder Jungfrau und heben damit den negativen Fische-Einfluss auf. Dieses Beispiel lässt sich auf fast alle anderen Hinweise und Regeln übertragen. Gebrauchen Sie immer auch Ihr Gespür und Ihren gesunden Menschenverstand. Den Alltag starr nach dem Mondkalender auszurichten macht niemandem Freude und ist nicht in unserem Sinne.

zunehmender Mond ☽

abnehmender Mond ☾

Zwischen jedem Neu- und Vollmond geben wir täglich das Symbol für den zunehmenden Mond an, zwischen Voll- und Neumond täglich das Symbol für den abnehmenden Mond. Das ist besonders im Bereich der Gesundheit von Vorteil, weil Sie dann sofort diese beiden wichtigen Mondphasen unterscheiden können.

Neumond ●

Vollmond ○

Die Angabe der genauen Uhrzeit für Neumond und Vollmond ist sinnvoll, besonders dann, wenn der jeweilige Zeitpunkt sehr früh am Tag, zwischen Mitternacht und Morgen liegt. Zwar ist eine Aussage wie »Heute ist Neumond« oder »Heute ist Vollmond« dann richtig, aber bei einem frühen Neumond ist der ganze Tag schon stark vom zunehmenden Mond, bei einem frühen Vollmond vom abnehmenden Mond beeinflusst. Das ist in der Heilkunde von Bedeutung (siehe *Aus eigener Kraft*), aber auch in Gartenbau und Landwirtschaft, denn die besonderen Kräfte der Voll- und Neumondtage machen sich dann am vorherigen Tag am stärksten bemerkbar.

Bei der Angabe der Neu- und Vollmondzeiten ist aus verschiedenen Gründen die Sommerzeit nicht berücksichtigt, unter anderem, weil sich die Natur nicht nach der Sommerzeit richtet.

Bauen, Heimwerken, Verbinden 

Dieses Symbol wird Sie immer bei abnehmendem Mond im Tierkreiszeichen Steinbock daran erinnern, dass dies der ideale Zeitpunkt ist, um besonders heikle Arbeiten bei Hausbau und Renovieren giftfrei durchzuführen – und zwar immer dann, wenn es um das *Verbinden* zweier unterschiedlicher Materialien geht: Stein mit Naturboden, Lack mit Metall, Putz mit Beton, Ziegel auf Ziegel, vor allem aber

Holz mit Holz, etwa beim Aufrichten einer Stiege usw. Zur Erinnerung: Der abnehmende Mond eignet sich generell für diese Arbeiten besser als der zunehmende Mond.

Bäume und Sträucher pflanzen 

Zu bestimmten Jahreszeiten taucht dieses Symbol im Tierkreiszeichen Jungfrau auf und markiert damit den Zeitpunkt, an dem selbst ältere Pflanzen schnell anwurzeln und kräftig heranwachsen. Was immer Sie an Pflanzarbeiten durchführen wollen, vom Pflanzen eines einzelnen Baumes über Alleen bis hin zum Aufforsten ganzer Waldareale nach einem Sturmschaden – achten Sie auf dieses Symbol, und der Erfolg ist Ihnen gewiss.

Baumköpfen/Intensiver Rückschnitt 

Ein Segen für das Budget von Stadtgartendirektionen wäre es, auf dieses Symbol zu achten. Die Maßnahme des »Baumköpfens« richtet sich in erster Linie auf die Behandlung kränkelnder Bäume, sie ist aber auch sehr sinnvoll bei gesunden Pflanzen und Bäumen, die nicht recht gedeihen oder dichter wachsen sollen. Bei Nadelbäumen entfernen Sie einfach ein kurzes Stück der Spitze, knapp oberhalb eines Kranzes von mehreren Seitentrieben. Der Baum empfindet das als starken Wachstumsimpuls und wählt dann von selbst den stärksten Seitentrieb als neue Spitze. Laubgehölze beschneiden Sie so, wie man Haarspitzen schneidet: kein starker Rückschnitt, sondern nur einige Astspitzen am ganzen Baum. Ein radikaler Rückschnitt zur »Wiederbelebung« von Hecken, Bäumen und sonstigen Pflanzen bringt an Neumond ebenfalls beste Ergebnisse.

Blumengießen 

Zimmerpflanzen und Balkonpflanzen müssen nicht so oft gegossen werden, wie es den Anschein hat. Gewöhnen Sie Ihre Pflanzen langsam an den im Kalender angegebenen Rhythmus (Gießen nur an Blatttagen: Krebs, Skorpion, Fische). Um die Umgewöhnung zu erleichtern, können Sie anfangs auch an Wurzeltagen (Stier, Jungfrau, Steinbock) gießen, am besten immer mit kalkfreiem Regenwasser oder abgestandenem Wasser. Balkonblumen und manche exotische Pflanzen mit hohem Wasserbedarf müssen Sie dennoch öfters gießen.

Zu häufiges Gießen an Blütentagen (Zwillinge, Waage, Wassermann) lockt Schädlinge an, besonders die Läuse. Gemeinden könnten sich Unsummen sparen, wenn sie bei allen Bewässerungsmaßnahmen öffentlicher Grünanlagen auf dieses Symbol achten würden. Trinkwassereinsparung und gesündere Pflanzen wären ihr Lohn.

Düngen

Achten Sie beim Düngen auf den Mondstand und beobachten Sie, wie gut die Erde bei abnehmendem Mond das jeweilige Düngemittel aufnimmt. Das gilt auch für alle Zimmer- und Balkonpflanzen. Das Symbol finden Sie an allen Tagen, die sich entweder besonders gut oder besonders schlecht fürs Düngen eignen. Generell gilt, dass man eher bei abnehmendem Mond düngen sollte.

Einkochen

Bei abnehmendem Mond Eingekochtes hält stets länger. Wenn Sie bei zunehmendem Mond arbeiten, achten Sie auf ein Fruchtzeichen (Widder, Löwe, Schütze). Obst ist bei zunehmendem Mond zwar saftiger und aromatischer, aber die Fäulnisgefahr ist größer, deshalb am besten sofort verbrauchen. Weil heute vielfach tiefgefrorene Früchte verarbeitet werden, finden Sie dieses Symbol während des ganzen Jahres und auch an Wochenenden. Ein Tipp: Ernten und gefrieren Sie bei zunehmendem Mond an einem Fruchtzeichen, und legen Sie die Weiterverarbeitung in den abnehmenden Mond, ebenfalls an einem Fruchttag.

Ernten, Einkaufen und Lagern
Obst- und Safttage

Das Symbol gibt die günstigen Tage für Ernten und Lagerhaltung an wie auch günstige *Einkaufs-* und *Lagerzeitpunkte*, etwa für das Transportieren und Lagern von Getreide und Kartoffeln (Großfamilien!). Grundsätzlich verderben Lebensmittel bei zunehmendem Mond geerntet oder gelagert schneller, besonders im Sommer bei Gewittern (u.a. wird Milch sauer). Für das Haltbarmachen kleiner Obst- und Gemüsevorräte eignet sich die kleine Holzpyramide aus unserem Versand sehr gut – die natürlichste Form der Konservierung.

Gleichzeitig sind alle Tage mit diesem Symbol (schwarz) sehr gut geeignet, um wenigstens an einem der zwei oder drei Tage eine entlastende *Obst- oder Saftkur* einzulegen. Ein hellgrau gedrucktes Apfel-Symbol bedeutet jedoch *nicht*, dass Ihnen ein Obst- oder Fastentag jetzt schaden würde! Es zeigt nur an, dass sich dieser Tag sehr schlecht als Ernte-, Lager- oder Vorratseinkaufstag eignet.

Fensterputzen

Sie wünschen »streifenfreien Glanz« auf den Augen Ihres Heims? Wenn Sie fürs Fensterputzen die Tage mit diesem Symbol wählen, lernen Sie vielleicht sogar diese Arbeit lieben. Alles geht müheloser, und als Reinigungsmittel genügt Wasser mit einem Schuss Spiritus. Ähnlich wie beim Blumengießen zum richtigen Zeitpunkt wird der Erfolg nach einiger Zeit sichtbar und fühlbar. Wenn Sie allerdings an einer verkehrsreichen Straße eine Ladenfront zu putzen haben, dann müssen Sie natürlich öfter reinigen als angegeben.

Gesichtspackung

An diesen Tagen zieht eine Gesichtspackung besonders gut ein, die Haut nimmt optimal auf, was man ihr zuführt. Wenn Sie noch nie Gesichtspackungen angewendet haben, eignen sich diese Tage besonders gut für den Start.

Haareschneiden und -waschen

An diesen Tagen ist Haareschneiden und Haarewaschen besonders günstig. Bei Löwe und Jungfrau im zunehmendem Mond geschnitten, wachsen die Haare schneller, im abnehmenden Mond geschnitten, wachsen sie langsamer und dichter. Übrigens: Wenn Sie sich *täglich* die Haare waschen, sollten Sie zumindest an einem der Fischetage darauf verzichten.

Holzschlagen

Die besten Holzschlagetage sind bei Weitem nicht vollständig angegeben, genauere Angaben zu diesem Spezialgebiet finden Sie in unseren Büchern. Nicht vergessen: Alle Holzregeln sind nur gültig, wenn das Holz natürlich trocknet und lagert!

Jäten und Unkrautauszupfen

Damit ist immer das Entfernen des Unkrauts *mitsamt der Wurzel* gemeint. Nur Abschneiden oder Mähen genügt nicht, um sich die Kräfte dieser Tage zunutze zu machen.

Malerarbeiten

Wer schon mit Farben und Lacken in Haushalt oder Beruf gearbeitet hat, wird sicher die Erfahrung gemacht haben, dass die Farbe manchmal nach kurzer Zeit bricht, sich ablöst oder schlecht trocknet. Daran ist nicht immer das Material, die Technik oder die Witterung schuld. Zum richtigen Zeitpunkt verarbeitet, hält die Farbe lange, sie splittert nicht ab und ist witterungsbeständiger. Auch giftige Ausgasungen sind dann nicht so stark. Natürlich sind trotzdem alle üblichen Vorbereitungsmaßnahmen – Schleifen, Spachteln, Grundieren usw. – notwendig, auch wenn Sie auf den richtigen Zeitpunkt achten.

Nagelpflege

Dass freitags nach Sonnenuntergang die Nagelpflege die besten Resultate bringt, ist eine alte Überlieferung, die nicht in Zusammenhang mit dem Mondrhythmus steht. Sie beweist sich durch Ihre persönliche Erfahrung. Wir können nur empfehlen, es auszuprobieren. Es lohnt sich, wie viele unserer LeserInnen uns bestätigt haben! Vielleicht sind Nagelprobleme auch deshalb so verbreitet, weil Nägel häufig am ungünstigsten Zeitpunkt gepflegt werden, nämlich an Samstagen.

Obstbaumschnitt

Der richtige Zeitpunkt für den Obstbaumschnitt richtet sich nach den örtlichen klimatischen Verhältnissen. Am besten fragen Sie beim nächstliegenden Gartenbauverein nach, welche Jahreszeit sich in Ihrer Region am besten eignet, und wählen Sie dann einen guten Tag im angegebenen Zeitraum. Ein Tipp: Schneiden Sie alle Äste weg, die zur Baummitte hin wachsen. Sie kosten den Baum unnötig viel Kraft.

Problemwäsche

Generell eignet sich der abnehmende Mond besser zum Wäschewaschen als der zunehmende. Fast immer kommen Sie dann mit der Hälfte der empfohlenen Waschmittelmenge aus (deshalb niemals nur Waschmittel-Tabs kaufen!). Problemwäsche und -flecken können Sie an Tagen mit diesem Symbol besonders erfolgreich sauber bekommen, die Fasern werden geschont, das Waschmittel lässt sich restlos ausspülen (wichtig für Allergiker!). Wenn Sie dieses Symbol hellgrau gedruckt finden, ist *jede* Form des Waschens ungünstig.

Umtopfen und Umsetzen
Hier geht es um das Umsetzen und Umtopfen aller Pflanzenarten, besonders auch das Umtopfen von Zimmer- und Balkonpflanzen, das an diesen Tagen besonders gut gelingt. An heißen Tagen sollte das Umtopfen allerdings erst abends erfolgen, damit die Pflanzen besser mit der Hitze fertigwerden. *Nicht gemeint* ist hier das Setzen, Umsetzen und Umtopfen von Gemüsepflanzen.

»Mondkur« – Abnehmen und Körperpflege
Dieses Symbol taucht zu Neumond und Vollmond im Kalender auf. Es wäre an diesen Tagen sehr sinnvoll, weniger als sonst zu essen oder gar richtig zu fasten und besonders viel zu trinken. An Neumond entgiftet der Körper besonders gut, während er bei Vollmond alles besser speichert, auch Unerwünschtes.

Zum einfachen Nachschlagen und Auffinden der Symbole finden Sie eine tabellarische Zusammenfassung mit Kurzbezeichnungen auf Seite 22.

Ein Überblick über die Tabellen im Kalender

Grundtabelle

Die Grundtabelle ist ein wichtiges Handwerkszeug und gibt einen Überblick über die unterschiedlichen Wirkungsimpulse der einzelnen Tierkreiszeichen – auf Körperzonen, Pflanzenteile, Nahrungsqualität etc. Zur Entschlüsselung dieser Impulse eignen sich unsere Bücher *Aus eigener Kraft* und *Der lebendige Garten.*

Aderlasstabelle

Anhand der Aderlasstabelle können Sie die günstigen und ungünstigen Tage für den Aderlass bestimmen. An manchen Tagen sollte man generell auf einen Aderlass verzichten, gleichgültig, zu welchem Ergebnis die Auszählung kommt. Diese »Schwend«-Tage spielen auch in Landwirtschaft und Gartenbau eine Rolle und sind im Kalender eigens angegeben. Bevor Sie diese wertvolle Heilmethode anwenden lassen, empfehlen wir Ihnen dringend, das Kapitel über den Aderlass zu lesen (*Aus eigener Kraft*). Hier nur so viel: Der Aderlass sollte generell nicht öfter als alle zwei Jahre vorgenommen werden!

Alpha-/Omega-Identifikationsquiz

Diese Fragenliste kann den Weg weisen zur wichtigsten Säule für gute Gesundheit bis ins hohe Alter. Die ausführliche Erklärung finden Sie u. a. in unserem Buch *Moon Power* (Mosaik Verlag). Auf unserer Website bieten wir die Möglichkeit an, Ihren persönlichen Ernährungstyp für Sie zu ermitteln.

Die Mondkur – Gesunde Ernährung im Rhythmus des Mondes

Die Tabelle für die gesunde Ernährung. Die Mondkur im Tabellenformat.

Grundtabelle

Tierkreiszeichen	*Symbol*	*Körperzone*	*Organsystem*	*Element*	*Nahrungsqualität*	*im abnehm. Mond*	*im zunehm. Mond*
Widder		Kopf, Gehirn, Augen, Nase	Sinnesorgane	Feuer	Eiweiß/ Frucht	April – Oktober	Oktober – April
Stier		Kehlkopf, Schilddrüse, Zähne, Kiefer, Mandeln, Ohren	Blutkreislauf	Erde	Salz	Mai – November	November – Mai
Zwillinge		Schultern, Arme, Hände (Lunge)	Drüsensystem	Luft	Fett	Juni – Dezember	Dezember – Juni
Krebs		Brust, Lunge, Magen, Leber, Galle	Nervensystem	Wasser	Kohlenhydrate	Juli – Januar	Januar – Juli
Löwe		Herz, Rücken, Zwerchfell, Blutkreislauf, Schlagader	Sinnesorgane	Feuer	Eiweiß/ Frucht	August – Februar	Februar – August
Jungfrau		Verdauungsorgane, Nerven, Milz, Bauchspeicheldrüse	Blutkreislauf	Erde	Salz	September – März	März – September
Waage		Hüfte, Nieren, Blase	Drüsensystem	Luft	Fett	Oktober – April	April – Oktober
Skorpion		Geschlechtsorgane, Harnleiter	Nervensystem	Wasser	Kohlenhydrate	November – Mai	Mai – November
Schütze		Oberschenkel, Venen	Sinnesorgane	Feuer	Eiweiß/ Frucht	Dezember – Juni	Juni – Dezember
Steinbock		Knie, Knochen, Gelenke, Haut	Blutkreislauf	Erde	Salz	Januar – Juli	Juli – Januar
Wassermann		Unterschenkel, Venen	Drüsensystem	Luft	Fett	Februar – August	August – Februar
Fische		Füße, Zehen	Nervensystem	Wasser	Kohlenhydrate	März – September	September – März

Alle Symbole auf einen Blick

Bei jedem Tag im Jahr finden Sie **kräftig** gedruckte Symbole, die Ihnen auf einen Blick sagen, welche Tätigkeit an diesem Tag besonders begünstigt ist. Ist das Symbol hell dargestellt, dann verspricht die jeweilige Tätigkeit an diesem Tag weniger Erfolg als an allen anderen Tagen.

 **Bauen, Heimwerken, Verbinden**

 **Bäume und Sträucher pflanzen**

 **Baumköpfen/ Intensiver Rückschnitt**

 **Blumengießen**

 **Düngen**

 **Einkochen**

 **Ernten, Einkaufen und Lagern Obst- und Safttage**

 **Fensterputzen**

 **Problemwäsche**

 **Haareschneiden und -waschen**

 **Holzschlagen**

 **Jäten und Unkrautauszupfen**

 **Malerarbeiten**

 **Nagelpflege**

 **Obstbaumschnitt**

 **Umtopfen und Umsetzen**

 **Gesichtspackung**

 **»Mondkur« – Abnehmen und Körperpflege**

Aderlasstabelle

Tag	1	schlecht	
Tag	2	schlecht	
Tag	3	schlecht	
Tag	4	sehr schlecht	
Tag	5	schlecht	
Tag	6	gut	(Nierentätigkeit)
Tag	7	schlecht	
Tag	8	schlecht	
Tag	9	schlecht	
Tag	10	schlecht	
Tag	11	gut	(Magersucht)
Tag	12	gut	(für den ganzen Körper)
Tag	13	schlecht	
Tag	14	schlecht	
Tag	15	gut	(Magersucht)
Tag	16	sehr schlecht	
Tag	17	sehr gut	(genau zählen)
Tag	18	gut	(für den ganzen Körper)
Tag	19	schlecht	
Tag	20	schlecht	
Tag	21	gut	(für den ganzen Körper)
Tag	22	sehr gut	
Tag	23	gut	(für das Knochengerüst, bei Multipler Sklerose und Rheuma)
Tag	24	gut	(für die Lunge und bei Asthma)
Tag	25	gut	
Tag	26	gut	(bei hohem Blutdruck, gegen Fieber)
Tag	27	sehr schlecht	
Tag	28	gut	
Tag	29	schlecht	
Tag	30	schlecht	

Alpha-/Omega-Identifikationsquiz: Eine kleine Starthilfe zum Erkennen des Ernährungstyps

Alpha-Typ:
Sie vertragen den täglichen Orangensaft, haben bei Gurken keine Probleme mit Aufstoßen, und Karotten sind ein bevorzugtes Gemüse? Lieben Sie größere Mahlzeiten, dafür in größeren Abständen, ohne Snacks zwischendurch? Nach Süßigkeiten und Weizenbrot stellt sich regelmäßig Müdigkeit ein? Bekommen Sie von Kirschen oder Pflaumen einen sauren Magen, vertragen Äpfel besser? Fast immer mit Ja geantwortet, lässt einen Alpha-Typ vermuten.

Omega-Typ:
Sie haben relativ oft Hungergefühle, sind aber dann schon mit Kleinigkeiten wie Frucht, Müslischnitte, Smoothie zufrieden? Große Portionen wirken abschreckend? Süßigkeiten wirken nicht so belastend, wie man erwarten könnte? Weißbrot vertragen Sie gut, bekommen von Roggenbrot eher Magendrücken? Tierisches Fett, Butter usw. kann schon mal eine leichte Übelkeit verursachen? Der tägliche, angeblich so gesunde Apfel kann Sie nicht wirklich begeistern? Viele Ja-Antworten lassen einen Omega-Typ vermuten.

Alle diese Hinweise können zu einer Zuordnung führen. Die Zugehörigkeit zu einem Ernährungstyp besteht lebenslang, auch wenn sich Vorlieben und Geschmacksrichtungen ändern. Ernährungsgewohnheiten können allerdings so stark verankert sein, dass man zu vertragen glaubt, was eigentlich schädlich ist. **Auf Seite 217 f. finden Sie ein Angebot zur Ermittlung Ihres Ernährungstyps.**

Die Mondkur – Gesunde Ernährung im Rhythmus des Mondes

Regel Nr. 1: Kaufen Sie Ihre Lebensmittel so frisch, so vollwertig und naturbelassen, so liebevoll ausgewählt und zubereitet wie nur möglich.
Regel Nr. 2: Wählen Sie stets jene Lebensmittel, die Ihrem Typ entsprechen. Scheuen Sie aber Ausnahmen nicht. Als Alpha-Typ konzentrieren Sie sich auf drei Mahlzeiten täglich, als Omega-Typ auf fünf Mahlzeiten täglich.
Regel Nr. 3: Essen Sie im Rhythmus des Mondes.

Mondphase	*Grundregel*	*Förderlich*
VOLLMOND ○	Essen Sie schon zwei, drei Tage vorher möglichst wenig und ab 18 Uhr nichts mehr. Fasten Sie am Vollmondtag, wenn es ohne Kreislaufprobleme möglich ist, und trinken Sie an diesem Tag mehr als zwei Liter.	Viel Vollmond-Tee bis etwa 19 Uhr, danach nur noch nach Durstgefühl. Obst-, Saft- oder Fastentage um Vollmond herum.
ABNEHMENDER MOND ☾	Essen Sie wie gewohnt und achten Sie auf die Nahrungsqualität des Tages. Wenn Sie sich wohlfühlen, dann brauchen Sie nicht darauf zu achten: Ihr Gespür ist schon erwacht. Essen Sie nach 17 Uhr nichts mehr.	Abnehmender-Mond-Tee bis etwa 19 Uhr, danach nur nach Durstgefühl. Nach Belieben täglich den ganzen Körper mit Entschlackungsöl »Vom richtigen Zeitpunkt« massieren.
NEUMOND ●	Essen Sie schon zwei, drei Tage vorher möglichst wenig. Fasten Sie am Neumondtag, wenn es ohne Kreislaufprobleme möglich ist, und trinken Sie an diesem Tag mehr als zwei Liter.	Die Teemischung für den Neumond. Obst-, Saft- oder Fastentage um Neumond herum.
ZUNEHMENDER MOND ☽	Essen Sie insgesamt weniger und achten Sie auf die Nahrungsqualität des Tages. Essen Sie nach 18 Uhr nichts mehr. Trinken Sie täglich viel bis etwa 19 Uhr, danach je nach Durstgefühl.	Von der Teemischung für den zunehmenden Mond begleiten lassen, mindestens zwei Liter täglich. Täglich mit Gewebestrafföl »Vom richtigen Zeitpunkt« den ganzen Körper massieren.

Januar 2023	Februar 2023	März 2023
S 1 ♉ Neujahr	M 1 ♊	M 1 ♊
M 2 ♉ Berchtoldstag 1	D 2 ♋	D 2 ♋
D 3 ♉	F 3 ♋	F 3 ♋
M 4 ♊	S 4 ♋	S 4 ♌
D 5 ♊	S 5 ♌ ○ 19.27	S 5 ♌
F 6 ♋ Hl. Drei Könige	M 6 ♌ 6	M 6 ♌ 10
S 7 ♋ ○ 00.08	D 7 ♍	D 7 ♍ ○ 13.38
S 8 ♋	M 8 ♍	M 8 ♍
M 9 ♌ 2	D 9 ♍	D 9 ♎
D 10 ♌	F 10 ♎	F 10 ♎
M 11 ♍	S 11 ♎	S 11 ♎
D 12 ♍	S 12 ♏	S 12 ♏
F 13 ♍	M 13 ♏ ☾ 7	M 13 ♏ 11
S 14 ♎	D 14 ♏ Valentinstag	D 14 ♐
S 15 ♎ ☾	M 15 ♐	M 15 ♐ ☾
M 16 ♏ 3	D 16 ♐	D 16 ♑
D 17 ♏	F 17 ♑	F 17 ♑
M 18 ♐	S 18 ♑	S 18 ♒
D 19 ♐	S 19 ♒	S 19 ♒
F 20 ♑	M 20 ♒ ● 08.05 Rosenmontag 8	M 20 ♓ 12
S 21 ♑ ● 21.52	D 21 ♓ Faschingsdienstag	D 21 ♓ ● 18.22
S 22 ♒	M 22 ♓ Aschermittwoch	M 22 ♈
M 23 ♒ 4	D 23 ♈	D 23 ♈
D 24 ♓	F 24 ♈	F 24 ♉
M 25 ♓	S 25 ♉	S 25 ♉
D 26 ♈	S 26 ♉	S 26 ♉
F 27 ♈	M 27 ♊ ☽ 9	M 27 ♊ 13
S 28 ♈ ☽	D 28 ♊	D 28 ♊
S 29 ♉		M 29 ♋ ☽
M 30 ♉ 5		D 30 ♋
D 31 ♊		F 31 ♌

= abnehmender Mond

April 2023	Mai 2023	Juni 2023
S 1	M 1 Maifeiertag 18	D 1
S 2	D 2	F 2
M 3 14	M 3	S 3
D 4	D 4	S 4 ○ 04.41
M 5	F 5 ○ 18.34	M 5 23
D 6 ○ 05.34 Gründonnerstag	S 6	D 6
F 7 Karfreitag	S 7	M 7
S 8	M 8 19	D 8 Fronleichnam
S 9 Ostersonntag	D 9	F 9
M 10 Ostermontag 15	M 10	S 10 ☾
D 11	D 11	S 11
M 12	F 12 ☾	M 12 24
D 13 ☾	S 13	D 13
F 14	S 14 Muttertag	M 14
S 15	M 15 20	D 15
S 16	D 16	F 16
M 17 16	M 17	S 17
D 18	D 18 Christi Himmelfahrt	S 18 ● 05.36
M 19	F 19 ● 16.52	M 19 25
D 20 ● 05.11	S 20	D 20
F 21	S 21	M 21
S 22	M 22 21	D 22
S 23 Welttag des Buches	D 23	F 23
M 24 17	M 24	S 24
D 25	D 25	S 25
M 26	F 26	M 26 ☽ 26
D 27 ☽	S 27 ☽	D 27
F 28	S 28 Pfingstsonntag	M 28
S 29	M 29 Pfingstmontag 22	D 29
S 30	D 30	F 30
	M 31	

Sommerzeit nicht berücksichtigt

Juli 2023					August 2023					September 2023				
S	1	♐			D	1	♑	○ 19.30 Schweizer Nationalfeiertag		F	1	♓		
S	2	♐			M	2	♒			S	2	♈		
M	3	♑	○ 12.37	27	D	3	♒			S	3	♈		
D	4	♑			F	4	♓			M	4	♉		36
M	5	♒			S	5	♓			D	5	♉		
D	6	♒			S	6	♈			M	6	♊	☾	
F	7	♓			M	7	♈		32	D	7	♊		
S	8	♓			D	8	♉	☾		F	8	♊		
S	9	♈			M	9	♉			S	9	♋		
M	10	♈	☾	28	D	10	♊			S	10	♋		
D	11	♈			F	11	♊			M	11	♌		37
M	12	♉			S	12	♋			D	12	♌		
D	13	♉			S	13	♋			M	13	♌		
F	14	♊			M	14	♋		33	D	14	♍		
S	15	♊			D	15	♌	Mariä Himmelfahrt		F	15	♍	● 02.39	
S	16	♋			M	16	♌	● 10.37		S	16	♎		
M	17	♋	● 19.31	29	D	17	♌			S	17	♎		
D	18	♋			F	18	♍			M	18	♎		38
M	19	♌			S	19	♍			D	19	♏		
D	20	♌			S	20	♎			M	20	♏		
F	21	♍			M	21	♎		34	D	21	♐		
S	22	♍			D	22	♎			F	22	♐	☽	
S	23	♍			M	23	♏			S	23	♑		
M	24	♎		30	D	24	♏	☽		S	24	♑		
D	25	♎	☽		F	25	♐			M	25	♑		39
M	26	♏			S	26	♐			D	26	♒		
D	27	♏			S	27	♑			M	27	♒		
F	28	♏			M	28	♑		35	D	28	♓		
S	29	♐			D	29	♒			F	29	♓	○ 10.58	
S	30	♐			M	30	♒			S	30	♈		
M	31	♑		31	D	31	♓	○ 02.36						

(grau) = abnehmender Mond

Oktober 2023		November 2023		Dezember 2023	
S 1 ♈		M 1 ♊ Allerheiligen		F 1 ♋	
M 2 ♉	40	D 2 ♋		S 2 ♌	
D 3 ♉ Tag der Dt. Einheit		F 3 ♋		S 3 ♌ 1. Advent	
M 4 ♊		S 4 ♋		M 4 ♌ Barbaratag	49
D 5 ♊		S 5 ♌ ☾		D 5 ♍ ☾	
F 6 ♋ ☾		M 6 ♌	45	M 6 ♍	
S 7 ♋		D 7 ♍		D 7 ♎	
S 8 ♋		M 8 ♍		F 8 ♎ Mariä Empfängnis	
M 9 ♌	41	D 9 ♍		S 9 ♎	
D 10 ♌		F 10 ♎		S 10 ♏ 2. Advent	
M 11 ♍		S 11 ♎		M 11 ♏	50
D 12 ♍		S 12 ♏		D 12 ♐	
F 13 ♍		M 13 ♏ ● 10.27	46	M 13 ♐ ● 00.31	
S 14 ♎ ● 18.54		D 14 ♏		D 14 ♑	
S 15 ♎		M 15 ♐		F 15 ♑	
M 16 ♏	42	D 16 ♐		S 16 ♒	
D 17 ♏		F 17 ♑		S 17 ♒ 3. Advent	
M 18 ♐		S 18 ♑		M 18 ♓	51
D 19 ♐		S 19 ♒		D 19 ♓ ☽	
F 20 ♐		M 20 ♒ ☽	47	M 20 ♈	
S 21 ♑		D 21 ♓		D 21 ♈	
S 22 ♑ ☽		M 22 ♓ Buß- und Bettag		F 22 ♈	
M 23 ♒	43	D 23 ♈		S 23 ♉	
D 24 ♒		F 24 ♈		S 24 ♉ 4. Advent/Hl. Abend	
M 25 ♓		S 25 ♉		M 25 ♊ 1. Weihnachts-feiertag	52
D 26 ♓ Österr. Nationalfeiertag		S 26 ♉		D 26 ♊ 2. Weihnachtsfeiertag	
F 27 ♈		M 27 ♉ ○ 10.14	48	M 27 ♋ ○ 01.32	
S 28 ♈ ○ 21.23		D 28 ♊		D 28 ♋	
S 29 ♉		M 29 ♊		F 29 ♋	
M 30 ♉	44	D 30 ♋		S 30 ♌	
D 31 ♊ Reformationstag				S 31 ♌ Silvester	

Sommerzeit nicht berücksichtigt

Januar 2024				
M	1	♍	Neujahr	1
D	2	♍	Berchtoldstag	
M	3	♍		
D	4	♎	☾	
F	5	♎		
S	6	♏	Hl. Drei Könige	
S	7	♏		
M	8	♐		2
D	9	♐		
M	10	♐		
D	11	♑	● 12.56	
F	12	♑		
S	13	♒		
S	14	♒		
M	15	♓		3
D	16	♓		
M	17	♈		
D	18	♈	☽	
F	19	♉		
S	20	♉		
S	21	♊		
M	22	♊		4
D	23	♋		
M	24	♋		
D	25	♋	○ 18.54	
F	26	♌		
S	27	♌		
S	28	♍		
M	29	♍		5
D	30	♍		
M	31	♎		

Februar 2024				
D	1	♎		
F	2	♏		
S	3	♏	☾	
S	4	♏		
M	5	♐		6
D	6	♐		
M	7	♑		
D	8	♑		
F	9	♒	● 23.58	
S	10	♒		
S	11	♓		
M	12	♓	Rosenmontag	7
D	13	♈	Faschingsdienstag	
M	14	♈	Aschermittwoch	
D	15	♉		
F	16	♉	☽	
S	17	♊		
S	18	♊		
M	19	♊		8
D	20	♋		
M	21	♋		
D	22	♌		
F	23	♌		
S	24	♌	○ 13.30	
S	25	♍		
M	26	♍		9
D	27	♎		
M	28	♎		
D	29	♎		

März 2024				
F	1	♏		
S	2	♏		
S	3	♐	☾	
M	4	♐		10
D	5	♑		
M	6	♑		
D	7	♑		
F	8	♒		
S	9	♒		
S	10	♓	● 09.59	
M	11	♓		11
D	12	♈		
M	13	♈		
D	14	♉		
F	15	♉		
S	16	♊		
S	17	♊	☽	
M	18	♋		12
D	19	♋		
M	20	♌		
D	21	♌		
F	22	♌		
S	23	♍		
S	24	♍		
M	25	♎	○ 07.58	13
D	26	♎		
M	27	♎		
D	28	♏	Gründonnerstag	
F	29	♏	Karfreitag	
S	30	♐		
S	31	♐	Ostersonntag	

(grau) = abnehmender Mond

April 2024	Mai 2024	Juni 2024
M 1 ♐ Ostermontag 14	M 1 ♒ ☾ Maifeiertag	S 1 ♓
D 2 ♑ ☾	D 2 ♒	S 2 ♈
M 3 ♑	F 3 ♓	M 3 ♈ 23
D 4 ♒	S 4 ♓	D 4 ♉
F 5 ♒	S 5 ♈	M 5 ♉
S 6 ♓	M 6 ♈ 19	D 6 ♊ ● 13.37
S 7 ♓	D 7 ♉	F 7 ♊
M 8 ♈ ● 19.20 15	M 8 ♉ ● 04.21	S 8 ♋
D 9 ♈	D 9 ♉ Christi Himmelfahrt	S 9 ♋
M 10 ♉	F 10 ♊	M 10 ♌ 24
D 11 ♉	S 11 ♊	D 11 ♌
F 12 ♊	S 12 ♋ Muttertag	M 12 ♌
S 13 ♊	M 13 ♋ 20	D 13 ♍
S 14 ♋	D 14 ♌	F 14 ♍ ☽
M 15 ♋ ☽ 16	M 15 ♌ ☽	S 15 ♎
D 16 ♋	D 16 ♍	S 16 ♎
M 17 ♌	F 17 ♍	M 17 ♎ 25
D 18 ♌	S 18 ♍	D 18 ♏
F 19 ♍	S 19 ♎ Pfingstsonntag	M 19 ♏
S 20 ♍	M 20 ♎ Pfingstmontag 21	D 20 ♐
S 21 ♍	D 21 ♏	F 21 ♐
M 22 ♎ 17	M 22 ♏	S 22 ♐ ○ 02.08
D 23 ♎ Welttag des Buches	D 23 ♏ ○ 14.52	S 23 ♑
M 24 ♏ ○ 00.47	F 24 ♐	M 24 ♑ 26
D 25 ♏	S 25 ♐	D 25 ♒
F 26 ♏	S 26 ♑	M 26 ♒
S 27 ♐	M 27 ♑ 22	D 27 ♓
S 28 ♐	D 28 ♒	F 28 ♓ ☾
M 29 ♑ 18	M 29 ♒	S 29 ♈
D 30 ♑	D 30 ♒ ☾ Fronleichnam	S 30 ♈
	F 31 ♓	

Sommerzeit nicht berücksichtigt

Juli 2024		August 2024		September 2024	
M 1 ♉	27	D 1 ♊ Schweizer Nationalfeiertag		S 1 ♌	
D 2 ♉		F 2 ♋		M 2 ♌	36
M 3 ♊		S 3 ♋		D 3 ♍ ● 02.55	
D 4 ♊		S 4 ♌ ● 12.12		M 4 ♍	
F 5 ♋ ● 23.56		M 5 ♌	32	D 5 ♎	
S 6 ♋		D 6 ♍		F 6 ♎	
S 7 ♋		M 7 ♍		S 7 ♎	
M 8 ♌	28	D 8 ♍		S 8 ♏	
D 9 ♌		F 9 ♎		M 9 ♏	37
M 10 ♍		S 10 ♎		D 10 ♐	
D 11 ♍		S 11 ♏		M 11 ♐ ☽	
F 12 ♍		M 12 ♏ ☽	33	D 12 ♐	
S 13 ♎ ☽		D 13 ♏		F 13 ♑	
S 14 ♎		M 14 ♐		S 14 ♑	
M 15 ♏	29	D 15 ♐ Mariä Himmelfahrt		S 15 ♒	
D 16 ♏		F 16 ♑		M 16 ♒	38
M 17 ♏		S 17 ♑		D 17 ♓	
D 18 ♐		S 18 ♒		M 18 ♓ ○ 03.33	
F 19 ♐		M 19 ♒ ○ 19.24	34	D 19 ♈	
S 20 ♑		D 20 ♓		F 20 ♈	
S 21 ♑ ○ 11.16		M 21 ♓		S 21 ♉	
M 22 ♒	30	D 22 ♓		S 22 ♉	
D 23 ♒		F 23 ♈		M 23 ♊	39
M 24 ♓		S 24 ♈		D 24 ♊ ☾	
D 25 ♓		S 25 ♉		M 25 ♋	
F 26 ♈		M 26 ♉ ☾	35	D 26 ♋	
S 27 ♈		D 27 ♊		F 27 ♌	
S 28 ♉ ☾		M 28 ♊		S 28 ♌	
M 29 ♉	31	D 29 ♋		S 29 ♌	
D 30 ♊		F 30 ♋		M 30 ♍	40
M 31 ♊		S 31 ♌			

(grau hinterlegt) = abnehmender Mond

Oktober 2024	November 2024	Dezember 2024
D 1 ♍	F 1 ♏ ● 13.46 Allerheiligen	S 1 ♐ ● 07.20 1. Advent
M 2 ♎ ● 19.49	S 2 ♏	M 2 ♐ 49
D 3 ♎ Tag der Dt. Einheit	S 3 ♏	D 3 ♑
F 4 ♎	M 4 ♐ 45	M 4 ♑ Barbaratag
S 5 ♏	D 5 ♐	D 5 ♑
S 6 ♏	M 6 ♑	F 6 ♒
M 7 ♏ 41	D 7 ♑	S 7 ♒
D 8 ♐	F 8 ♒	S 8 ♓ ☽ Mariä Empf./2. Advent
M 9 ♐	S 9 ♒ ☽	M 9 ♓ 50
D 10 ♑ ☽	S 10 ♒	D 10 ♈
F 11 ♑	M 11 ♓ 46	M 11 ♈
S 12 ♒	D 12 ♓	D 12 ♉
S 13 ♒	M 13 ♈	F 13 ♉
M 14 ♓ 42	D 14 ♈	S 14 ♊
D 15 ♓	F 15 ♉ ○ 22.29	S 15 ♊ ○ 10.00 3. Advent
M 16 ♈	S 16 ♉	M 16 ♋ 51
D 17 ♈ ○ 12.26	S 17 ♊	D 17 ♋
F 18 ♉	M 18 ♊ 47	M 18 ♋
S 19 ♉	D 19 ♋	D 19 ♌
S 20 ♊	M 20 ♋ Buß- und Bettag	F 20 ♌
M 21 ♊ 43	D 21 ♌	S 21 ♍
D 22 ♋	F 22 ♌	S 22 ♍ ☾ 4. Advent
M 23 ♋	S 23 ♌ ☾	M 23 ♎ 52
D 24 ♋ ☾	S 24 ♍	D 24 ♎ Heiliger Abend
F 25 ♌	M 25 ♍ 48	M 25 ♎ 1. Weihnachtsfeiertag
S 26 ♌ Österr. Nationalfeiertag	D 26 ♎	D 26 ♏ 2. Weihnachtsfeiertag
S 27 ♍	M 27 ♎	F 27 ♏
M 28 ♍ 44	D 28 ♎	S 28 ♐
D 29 ♍	F 29 ♏	S 29 ♐
M 30 ♎	S 30 ♏	M 30 ♐ ● 23.26 1
D 31 ♎ Reformationstag		D 31 ♑ Silvester

Sommerzeit nicht berücksichtigt

Sonntag

1

JANUAR
Neujahr

Element:
Erde
Tagesqualität:
Kälte
Nahrungsqualität:
Salz
Pflanzenteil:
Wurzel
Körperzone:
Unterkiefer, Halsregion
Organsystem:
Kreislauf

Stier
zunehmender Mond

Für das Jahr 2023 wünschen wir alles Liebe und Gute!

Liebe Leserinnen und Leser,
wir danken Ihnen für Ihre Treue
und hoffen, dass wir noch lange
mit unserer Arbeit für Sie da sein können.

Johanna Paungger-Poppe
& Thomas Poppe

Montag

2

JANUAR
Berchtoldstag

Die wichtigste Frage: Was bringt ein Mondkalender? Er unterstützt bei: Heilung, Regeneration, Rehabilitation, Umweltschutz, Klimaschutz. Er hilft sparen: Zeit, Geld, Mühen, Nervenkraft, Heilkraft. Er begleitet: langfristiges, erfolgreiches Planen, bedachtes Handeln, gesunden Menschenverstand. Er ermöglicht Verzicht: auf giftige Chemie, Wasserverschwendung, Energieverschwendung. Kaum ein Geschenk unserer Vorfahren aus Jahrtausenden ist wertvoller als der Mondkalender. Unsere Arbeit ist es, ihn Ihnen in seiner ganzen Fülle nahezubringen. Das Geschenk anzunehmen und wieder lebendig werden zu lassen ist Ihr ganz persönliches Abenteuer.

Stier
zunehmender Mond

Element:
Erde
Tagesqualität:
Kälte
Nahrungsqualität:
Salz
Pflanzenteil:
Wurzel
Körperzone:
Unterkiefer, Halsregion
Organsystem:
Kreislauf

Dienstag

3

JANUAR

Element:
Erde
Tagesqualität:
Kälte
Nahrungsqualität:
Salz
Pflanzenteil:
Wurzel
Körperzone:
Unterkiefer, Halsregion
Organsystem:
Kreislauf

Stier
zunehmender Mond

Ihr persönlicher Mini-Merkurkalender 2023
Die Zeiten für den rückläufigen Merkur im Jahr 2023:

1. bis 18. Januar 2023
21. April bis 15. Mai 2023
23. August bis 15. September 2023
13. Dezember 2023 bis 2. Januar 2024

Unser Tipp: In den genannten Zeiten möglichst nichts Neues beginnen, sondern Altes loslassen. Auch Vertragsabschlüsse gestalten sich im Verlauf manchmal problematisch. Stattdessen Altes und Überholtes angehen und zu Ende bringen!

Mittwoch

4

JANUAR

Tipps für die Ernährung, wie sie für uns gedacht ist – aus unserem neuen Buch *Alpha-Omega-Formel.* Nur lebendig informierte Nahrungsmittel aus biologischem Wirtschaften haben echten Nährwert. Hier verbirgt sich der Grund, warum die Mikrowelle das letzte bisschen Leben aus Nahrungsmitteln wegbrennt, warum Holzlöffel zum Umrühren einer Suppe viel besser sind als Metalllöffel oder warum ein liebevoll zubereitetes Pausenbrot nahrhafter ist als das Vier-Sterne-Mahl eines Gastgebers, der insgeheim Ihr Wohlwollen in irgendeiner Sache erkaufen möchte.

Element:
Luft
Tagesqualität:
Licht
Nahrungsqualität:
Fett
Pflanzenteil:
Blüte
Körperzone:
Schultern, Arme, Hände
Organsystem:
Drüsensystem

Zwillinge
zunehmender Mond

Donnerstag

5

JANUAR

Element:
Luft
Tagesqualität:
Licht
Nahrungsqualität:
Fett
Pflanzenteil:
Blüte
Körperzone:
Schultern, Arme, Hände
Organsystem:
Drüsensystem

Zwillinge
zunehmender Mond

Ihr persönlicher Mini-Mondkalender 2023
Eingriffe und Operationen
sind 2023 generell günstig:

vom 7.1. bis 21.1.
vom 6.2. bis 19.2.
vom 8.3. bis 21.3.
vom 6.4. bis 19.4.
vom 6.5. bis 19.5.
vom 4.6. bis 17.6.
vom 4.7. bis 17.7.
vom 2.8. bis 15.8.
vom 31.8. bis 14.9.
vom 29.9. bis 14.10.
vom 29.10. bis 12.11.
vom 27.11. bis 12.12.
vom 27.12. bis 11.1.2024

Wichtig: Bitte jedoch jene Tierkreiszeichen meiden, die die Körperregion regieren, an der operiert wird! Also beispielsweise keine Kopfoperation an Widder, keine neue Hüfte an Waage usw.

Freitag

6

JANUAR
Hl. Drei Könige

Einfach zum Nachdenken

Toleranz sollte eigentlich
nur eine vorübergehende Gesinnung sein;
sie muss zur Anerkennung führen.
Dulden heißt beleidigen.

Johann Wolfgang von Goethe

Krebs
zunehmender Mond

Element:
Wasser
Tagesqualität:
Feuchte
Nahrungsqualität:
Kohlenhydrate
Pflanzenteil:
Blatt
Körperzone:
Brustbereich, Lunge
Organsystem:
Nervensystem

Element:
Wasser
Tagesqualität:
Feuchte
Nahrungsqualität:
Kohlenhydrate
Pflanzenteil:
Blatt
Körperzone:
Brustbereich, Lunge
Organsystem:
Nervensystem

Samstag

7

JANUAR

00.08

Krebs
Vollmond

Fit zum richtigen Zeitpunkt. Im Laufe dieses Jahres möchten wir Ihnen wieder Fitnessübungen in Harmonie mit dem Mondkalender nahebringen – ausführlich präsentiert in unserem Buch *Fit zum richtigen Zeitpunkt* (die gründliche Überarbeitung unseres Buches *Die Mondgymnastik* von 2001). Das Geheimnis dieser Gymnastik liegt im richtigen Zeitpunkt unseres Tuns. Es gibt Bewegungsabläufe, die zum richtigen Zeitpunkt optimal auf Körper und Fitness wirken, während die gleichen Bewegungsabläufe zu anderen Zeiten nichts nutzen oder gar schaden. Nur wenn Zeitpunkt und Art der Übung im Einklang sind, fühlt der Körper ihren Sinn und Wert. Machen wir am Montag den ersten Schritt.

Sonntag

8

JANUAR

Einfach zum Nachdenken

Ein Schüler wollte vom Meister wissen, welche Art von Meditation er jeden Morgen im Garten praktiziere. Der Meister sagte: »Wenn ich aufmerksam schaue, sehe ich den Rosenstrauch in voller Blüte.« »Aber warum muss man aufmerksam schauen, um den Rosenstrauch zu sehen?«, fragte der Schüler. »Damit man den Rosenstrauch sieht und nicht die eigene Vorstellung davon.«

Anthony de Mello

Element:
Wasser
Tagesqualität:
Feuchte
Nahrungsqualität:
Kohlenhydrate
Pflanzenteil:
Blatt
Körperzone:
Brustbereich, Lunge
Organsystem:
Nervensystem

Krebs
abnehmender Mond

Montag

9

JANUAR

Element:
Feuer
Tagesqualität:
Wärme
Nahrungsqualität:
Eiweiß, Frucht
Pflanzenteil:
Frucht
Körperzone:
Herzregion, Kreislauf
Organsystem:
Sinnesorgane

Löwe
abnehmender Mond

Fit zum richtigen Zeitpunkt – an Löwetagen. Legen Sie sich auf den Rücken, die Arme und Hände seitlich ausgebreitet, die Handrücken am Boden. Ziehen Sie nun die Beine mit angewinkelten Knien zu sich herauf, Oberschenkel senkrecht zum Boden, Unterschenkel waagerecht, parallel zum Boden, die Füße in der Luft. Legen Sie beide Beine jetzt langsam zuerst auf die rechte Seite, bis die Außenseite des rechten Knies den Boden berührt. Atmen Sie ein, während Sie die Beine wieder heben, atmen Sie aus, wenn Sie sie jetzt auf die linke Seite sinken lassen. Genießen Sie das gute Gefühl!

Dienstag

10

JANUAR

Umwelt und Klima – gesunder Menschenverstand und Mondkalender helfen mit. Ist Ihnen schon einmal aufgefallen, dass Überschwemmungen bei zunehmendem Mond häufiger vorkommen? Die Erde kann in dieser Zeit nicht so viel Wasser aufnehmen. Andererseits kommt es auf schrägen Hängen bei abnehmendem Mond häufiger zu Erdrutschen, weil die Erde feuchtschwer und vollgesaugt ist. Der Zusammenhang zwischen Mondstand und Wasseraufnahmefähigkeit des Bodens ist gerade für die moderne Land- und Forstwirtschaft und für den Grundwasserschutz von großer Bedeutung und sollte unbedingt wieder Beachtung finden.

Löwe
abnehmender Mond

Element:
Feuer
Tagesqualität:
Wärme
Nahrungsqualität:
Eiweiß, Frucht
Pflanzenteil:
Frucht
Körperzone:
Herzregion, Kreislauf
Organsystem:
Sinnesorgane

Element:
Erde
Tagesqualität:
Kälte
Nahrungsqualität:
Salz
Pflanzenteil:
Wurzel
Körperzone:
Verdauungsorgane
Organsystem:
Kreislauf

Mittwoch

11

JANUAR

Ihr persönlicher Mini-Mondkalender 2023
Zahnziehen und Kieferoperationen
sind 2023 zu diesen Zeiten begünstigt:

vom 7.1. bis 21.1.	vom 14.7. bis 17.7.
vom 6.2. bis 19.2.	vom 2.8. bis 5.8.
vom 8.3. bis 21.3.	vom 10.8. bis 15.8.
vom 6.4. bis 18.4.	am 31.8. und 1.9.
vom 6.5. bis 16.5.	vom 6.9. bis 14.9.
vom 4.6. bis 11.6.	vom 4.10. bis 14.10.
am 17.6.	vom 31.10. bis 12.11.
vom 4.7. bis 8.7.	vom 28.11. bis 12.12.
	vom 27.12. bis 11.1. 2024

Jungfrau
abnehmender Mond

***Espresso mit dem Teufel* – das neue Buch von Thomas Poppe!** Viele Menschen haben das Gefühl, mit ihren Gedanken und Gefühlen ganz allein auf der Welt zu sein, weil niemand in der Nähe ist, der zuhören will, geschweige denn sie verstehen. Oder der die Gefühle auch kennt und teilt. Thomas hat dieses Buch auch deshalb geschrieben, um solchen Menschen nahezubringen, dass sie nicht allein sind. Ein Buch, das von Anfang bis Ende Mut macht, die andressierten und selbst auferlegten Denk- und Fühltabus zu durchbrechen. (Irisiana Verlag, Leseprobe auf unserer Website www.paungger-poppe.com oder auf YouTube: https://youtu.be/6vVm6v8N23E)

Donnerstag

12

JANUAR

Element:
Erde
Tagesqualität:
Kälte
Nahrungsqualität:
Salz
Pflanzenteil:
Wurzel
Körperzone:
Verdauungsorgane
Organsystem:
Kreislauf

Jungfrau
abnehmender Mond

Freitag

13

JANUAR

Element:
Erde
Tagesqualität:
Kälte
Nahrungsqualität:
Salz
Pflanzenteil:
Wurzel
Körperzone:
Verdauungsorgane
Organsystem:
Kreislauf

Jungfrau
abnehmender Mond

Rezepte aus unserem neuen Buch *Alpha-Omega-Formel* – das Omega-Müsli. Was Sie brauchen: 1 Tasse Dinkelkörner oder Haferflocken * Ahornsirup oder Honig * gemahlene oder gehackte Mandeln, nach Belieben auch andere Nüsse * 1 kleiner, geriebener Apfel (mit Schale) * 1–2 zerdrückte Bananen * etwa 20 Rosinen * Beeren nach Saison * Soja- oder Mandeldrink. **Und so geht's:** Mit einer Flockenquetsche abends die Dinkelkörner quetschen und über Nacht in wenig Wasser einweichen (gut bedecken!). *(Lesen Sie morgen weiter)*

Samstag

14

JANUAR

(Fortsetzung von gestern) Wenig Wasser deshalb, weil Sie es am nächsten Morgen nicht abgießen sollten. Haferflocken braucht man vorher nicht einzuweichen. Zum Frühstück dann ganz nach Belieben Ahornsirup, Mandeln oder Nüsse, den Apfel, Bananen und Rosinen (vielleicht vorher in ein wenig heißem Wasser aufgeweicht) mit den Flocken mischen. Das Ganze dann mit Soja- oder Mandelmilch bis zur gewünschten Konsistenz auffüllen. Die Mengen nach Gefühl und Geschmack austarieren. Fertig! DAS wäre ein Power-Frühstück für Omega-Typen!

Element:
Luft
Tagesqualität:
Licht
Nahrungsqualität:
Fett
Pflanzenteil:
Blüte
Körperzone:
Hüfte, Nieren, Blase
Organsystem:
Drüsensystem

Waage
abnehmender Mond

Element:
Luft
Tagesqualität:
Licht
Nahrungsqualität:
Fett
Pflanzenteil:
Blüte
Körperzone:
Hüfte, Nieren, Blase
Organsystem:
Drüsensystem

Sonntag
15
JANUAR

Einfach zum Nachdenken

Wer ist einer der größten Feinde
wahrer Freiheit?
Ein glücklicher Sklave,
eine glückliche Sklavin.

Janina Whitmore

Waage
abnehmender Mond

Der besondere Tipp. Viele LeserInnen sind inzwischen schon mit unserem Buch *Das Tiroler Zahlenrad* vertraut und mit der besonderen Kraft der Zahlen ihres Geburtsdatums, aber auch das aktuelle Datum und seine Zahlen haben eine besondere Wirkung. Der heutige Tag weist zwei Einser und einen Sechser auf. Heute wäre es zum Beispiel sehr wichtig, sich mit niemandem unfreundlich anzulegen und alle wichtigen Dinge möglichst schnell erledigt zu haben. Gezielte friedliche Gedanken, Meditation, Yoga – damit erreichen Sie heute mehr, als gedankenschwer herumzurennen und alles gleichzeitig erledigen zu wollen.

Montag
16
JANUAR

Element:
Wasser
Tagesqualität:
Feuchte
Nahrungsqualität:
Kohlenhydrate
Pflanzenteil:
Blatt
Körperzone:
Geschlechtsorgane
Organsystem:
Nervensystem

Skorpion
abnehmender Mond

Dienstag

17

JANUAR

Element:
Wasser
Tagesqualität:
Feuchte
Nahrungsqualität:
Kohlenhydrate
Pflanzenteil:
Blatt
Körperzone:
Geschlechtsorgane
Organsystem:
Nervensystem

Skorpion
abnehmender Mond

Ihr persönlicher Mini-Mondkalender 2023
Zahnstein entfernen und Mundhygiene
sind im Jahr 2023 günstig:

vom 7.1. bis 21.1.	am 17.6.	vom 6.9. bis 14.9.
vom 6.2. bis 19.2.	vom 4.7. bis 8.7.	vom 4.10. bis 14.10.
vom 8.3. bis 21.3.	vom 14.7. bis 17.7.	vom 31.10. bis 12.11.
vom 6.4. bis 18.4.	vom 2.8. bis 5.8.	vom 28.11. bis 12.12.
vom 6.5. bis 16.5.	vom 10.8. bis 15.8.	vom 27.12. bis 11.1.2024
vom 4.6. bis 11.6.	am 31.8. und 1.9.	

Bei hartnäckigem Zahnstein wären in den genannten Zeiten die Steinbocktage besonders günstig!

Mittwoch

18

JANUAR

Fit zum richtigen Zeitpunkt – an Schützetagen. Die beste Übung für die Schütze-Energie ist die Kniebeuge. Nein, nicht erschrecken! Die übliche Kniebeuge gehört zu den schädlichsten Gymnastikübungen überhaupt, sie wird leider noch vielfach trainiert. Lehnen Sie sich bei dieser »Kniebeuge« mit dem Rücken gerade an eine Wand oder an den Türstock, mit den Füßen halten Sie eine Fußlänge Abstand zur Wand. Keine Jeans oder Ähnliches tragen, damit die Nieten nicht die Tapete durchlöchern. *(Lesen Sie morgen weiter)*

Schütze
abnehmender Mond

Element:
Feuer
Tagesqualität:
Wärme
Nahrungsqualität:
Eiweiß, Frucht
Pflanzenteil:
Frucht
Körperzone:
Oberschenkel, Venen
Organsystem:
Sinnesorgane

Donnerstag

19

JANUAR

Element:
Feuer
Tagesqualität:
Wärme
Nahrungsqualität:
Eiweiß, Frucht
Pflanzenteil:
Frucht
Körperzone:
Oberschenkel, Venen
Organsystem:
Sinnesorgane

(Fortsetzung von gestern) Der Kopf sollte leicht an der Wand lehnen, damit sich der Nacken nicht verspannt, und die Arme bleiben hängen. Rutschen Sie nun langsam an der Wand hinunter, bis die Oberschenkel spannen, vibrieren und warm werden. Die Knie sollten dabei nicht wehtun. Atmen Sie dabei aus und zählen Sie anfangs bis drei, später dann bis sieben. Im Einatmen relativ schnell wieder nach oben rutschen. Das Ganze dreimal. Genießen Sie das gute Gefühl, das sich dann einstellt.

Schütze
abnehmender Mond

Freitag

20

JANUAR

Der Mond – Ihr guter Freund in Haushalt und Alltag. Nicht nur für Tischler interessant: Wer bei Steinbock im abnehmenden Mond Holzoberflächen hobelt, kann sich über glatte und seidenglänzende Oberflächen freuen, die meist keiner besonderen Behandlung oder eines Schutzanstrichs bedürfen. Besonders selbst gemachte Puppenmöbel sehen dann wunderschön aus. Boden verlegen bei abnehmendem Mond und Steinbock heißt »Arbeiten fürs Leben«. Der Boden bleibt stets ruhig, arbeitet nicht so stark, selbst bei Jahreszeit- und Temperaturunterschieden. Übrigens: Wer eine Fußbodenheizung einbauen möchte, sollte unbedingt auf den richtigen Zeitpunkt achten!

Element:
Erde
Tagesqualität:
Kälte
Nahrungsqualität:
Salz
Pflanzenteil:
Wurzel
Körperzone:
Knie, Knochen, Haut
Organsystem:
Kreislauf

Steinbock
abnehmender Mond

Samstag

21

JANUAR

Element:
Erde
Tagesqualität:
Kälte
Nahrungsqualität:
Salz
Pflanzenteil:
Wurzel
Körperzone:
Knie, Knochen, Haut
Organsystem:
Kreislauf

21.52

Steinbock
Neumond

Umwelt und Klima – gesunder Menschenverstand und Mondkalender helfen mit. Es beginnt bei jedem Einzelnen von uns, bei jeder Kaufentscheidung. Wir schimpfen zwar auf die Politik, auf Brüssel, kaufen aber Äpfel aus Neuseeland, Erdbeeren aus Argentinien. Millionen kleiner Kaufentscheidungen sind es, die unsere Zukunft aufbauen oder zerstören. Leider wird mit Ausbeutung und Unvernunft viel mehr Geld verdient als mit Weisheit und Genügsamkeit. Dass umweltbewahrende Bio-Lebensmittel heute überhaupt zu haben sind, ist nicht dem Handel zu verdanken, sondern dem aufgeklärten Kunden. Wir selbst haben es in der Hand. Fangen Sie heute, bei Neumond, damit an.

Sonntag

22

JANUAR

Einfach zum Nachdenken. »Der Teufel sagte: Es ist ja nicht schwer. Du findest mich überall dort, wo deine Neugier betäubt wird. Wo man Überzeugung mit Wissen verwechselt, da bin ich. Wo man Angst und seelische Schwäche hinter Gewalt versteckt, da bin ich. Von fast jeder Plakatwand, da lächle ich dir entgegen. Bequemlichkeit – das Wort habe ich erfunden. Eure Idee vom endlosen Wachstum der Wirtschaft – mein Werk. Mich zu finden ist nicht schwer. Mir zu entkommen zum Glück für euch auch nicht.« *Aus dem Buch* Espresso mit dem Teufel *von Thomas Poppe*

Wassermann
zunehmender Mond

Element:
Luft
Tagesqualität:
Licht
Nahrungsqualität:
Fett
Pflanzenteil:
Blüte
Körperzone:
Unterschenkel, Venen
Organsystem:
Drüsensystem

Element:
Luft
Tagesqualität:
Licht
Nahrungsqualität:
Fett
Pflanzenteil:
Blüte
Körperzone:
Unterschenkel, Venen
Organsystem:
Drüsensystem

Montag

23

JANUAR

Ihr persönlicher Mini-Mondkalender 2023
Problemwäsche waschen
ist im Jahr 2023 generell günstig:

vom 7.1. bis 21.1.
vom 6.2. bis 19.2.
vom 8.3. bis 21.3.
vom 6.4. bis 19.4.
vom 6.5. bis 19.5.
vom 4.6. bis 17.6.
vom 4.7. bis 17.7.
vom 2.8. bis 15.8.
vom 31.8. bis 14.9.
vom 29.9. bis 14.10.
vom 29.10. bis 12.11.
vom 27.11. bis 12.12.
vom 27.12. bis 11.1.2024

Sehr günstig sind in den genannten Zeiten die Wassertage (Krebs, Skorpion, Fische)!

Wassermann
zunehmender Mond

Rezepte aus unserem neuen Buch *Alpha-Omega-Formel* – Tomaten-Zwiebel-Chutney. Was Sie brauchen: 1,5 kg Tomaten, in Stücke geschnitten (nach Belieben die Tomaten erst überbrühen und die Haut entfernen) * 500 g Zwiebeln, gewürfelt oder in Ringe geschnitten * 3 Knoblauchzehen, gepresst * 125 g Rosinen * 300 ml Apfelessig oder milder Weinessig * 500 g Rohrzucker * 2 EL Salz * ½ EL Speisestärke, mit etwas Wasser glatt gerührt * 3 EL scharfer Senf * 1 EL Currypulver * 1 EL Chiliflocken * 1 TL Kurkuma, gemahlen * 1 TL Ingwerpulver * 1 TL Garam Masala *(Lesen Sie morgen weiter)*

Dienstag

24

JANUAR

Element:
Wasser
Tagesqualität:
Feuchte
Nahrungsqualität:
Kohlenhydrate
Pflanzenteil:
Blatt
Körperzone:
Füße, Zehen
Organsystem:
Nervensystem

Fische
zunehmender Mond

Mittwoch

25

JANUAR

Element:
Wasser
Tagesqualität:
Feuchte
Nahrungsqualität:
Kohlenhydrate
Pflanzenteil:
Blatt
Körperzone:
Füße, Zehen
Organsystem:
Nervensystem

Fische
zunehmender Mond

(Fortsetzung von gestern) **Und so geht's:** Tomaten, Zwiebeln, Knoblauch, Rosinen, Essig, Zucker und Salz in einen Topf geben, gut verrühren und etwa 1 Stunde lang zugedeckt sanft köcheln lassen. Gelegentlich umrühren. Dann die glatt gerührte Speisestärke zugeben, zusammen mit Senf, Curry, Chili, Kurkuma, Ingwer und Garam Masala. Gut umrühren und weitere 30 Minuten offen köcheln lassen beziehungsweise so lange, bis Sie mit der Konsistenz zufrieden sind. In vorbereitete Marmeladengläser einfüllen und verschließen. Bis zum Verzehr kühl stellen.

Donnerstag

26

JANUAR

Ihr persönlicher Mini-Mondkalender 2023
Haare schneiden

ist im Jahr 2023 sehr günstig:

vom 9.1. bis 13.1.	vom 25.5. bis 29.5.	vom 9.10. bis 13.10.
vom 5.2. bis 9.2.	vom 21.6. bis 25.6.	vom 5.11. bis 9.11.
vom 4.3. bis 8.3.	vom 19.7. bis 23.7.	vom 2.12. bis 8.12.
vom 31.3. bis 4.4.	vom 15.8. bis 19.8.	am 30.12. und 31.12.
vom 28.4. bis 2.5.	vom 11.9. bis 15.9.	

Unser Tipp: Wie immer ist Jungfrau ideal geeignet für das gute Styling, für Dauerwellen und für den schnellen Übergang von Kurz- zu Langhaarfrisuren.

Element:
Feuer
Tagesqualität:
Wärme
Nahrungsqualität:
Eiweiß, Frucht
Pflanzenteil:
Frucht
Körperzone:
Kopfbereich bis Oberkiefer
Organsystem:
Sinnesorgane

Widder
zunehmender Mond

Element:
Feuer
Tagesqualität:
Wärme
Nahrungsqualität:
Eiweiß, Frucht
Pflanzenteil:
Frucht
Körperzone:
Kopfbereich bis Oberkiefer
Organsystem:
Sinnesorgane

Freitag 27 JANUAR

Widder
zunehmender Mond

Rezepte aus unserem neuen Buch *Alpha-Omega-Formel* – Nudelsalat Spezial. Was Sie brauchen: 250 g Hanf- oder Dinkelnudeln, gekocht und abgekühlt * *Für die Marinade:* 1 gestrichener TL Currypulver * 1 TL Senf * 1 EL Balsamicoessig * 2 EL Reisessig * 2 EL vegane Mayonnaise * ½ TL Honig * 2 Knoblauchzehen, zerdrückt * ½ EL Liebstöckel, getrocknet und gut zerrieben. *Für den Salat:* eine halbe Gurke, klein gewürfelt * etwa 100 g getrocknete Tomaten in Öl, abgetropft und klein geschnitten * etwa 5–10 eingelegte, entkernte Oliven, in dünne Ringe geschnitten * 1 mittelgroße Tomate, klein gewürfelt * Salz und Pfeffer nach Belieben *(Lesen Sie morgen weiter)*

Samstag 28 JANUAR

(Fortsetzung von gestern) **Und so geht's:** Die Zutaten für die Marinade in einer größeren Schale mischen. Die Salatzutaten und die abgekühlten Nudeln mit der Marinade gut vermischen und etwa 10–15 Minuten ziehen lassen. Mit Salz und Pfeffer abschmecken. Bei uns zu Hause geben wir auch noch nach Lust und Laune 1 EL Paprika-Gelee oder 1 EL eingelegte Senfkörner dazu. Alle Mengenangaben sind Circa-Angaben. Am besten einmal nach diesen Angaben ausprobieren und später selbst nach Geschmack variieren. Ein ideales Gericht, um es abends vorzubereiten und am nächsten Morgen mit in die Arbeit zu nehmen.

Element:
Feuer
Tagesqualität:
Wärme
Nahrungsqualität:
Eiweiß, Frucht
Pflanzenteil:
Frucht
Körperzone:
Kopfbereich bis Oberkiefer
Organsystem:
Sinnesorgane

Widder
zunehmender Mond

Sonntag

29

JANUAR

Element:
Erde
Tagesqualität:
Kälte
Nahrungsqualität:
Salz
Pflanzenteil:
Wurzel
Körperzone:
Unterkiefer, Halsregion
Organsystem:
Kreislauf

Stier
zunehmender Mond

Einfach zum Nachdenken

Niemand kann dich minderwertig fühlen lassen ohne dein Einverständnis.

Eleanor Roosevelt

Montag

30

JANUAR

Ihr persönlicher Mini-Mondkalender 2023
Fensterputzen
ist im Jahr 2023 günstig:

vom 7.1. bis 21.1.	vom 2.8. bis 15.8.
vom 6.2 bis 19.2.	vom 31.8. bis 14.9.
vom 8.3. bis 21.3.	vom 29.9. bis 14.10.
vom 6.4. bis 19.4.	vom 29.10. bis 12.11.
vom 6.5. bis 19.5.	vom 27.11. bis 12.12.
vom 4.6. bis 17.6.	vom 27.12. bis 11.1.2024
vom 4.7. bis 17.7.	

Sehr günstig ist das Fensterputzen, wenn in den genannten Zeiten der Mond gleichzeitig in einem Luft- oder Wasserzeichen steht.

Stier
zunehmender Mond

Element:
Erde
Tagesqualität:
Kälte
Nahrungsqualität:
Salz
Pflanzenteil:
Wurzel
Körperzone:
Unterkiefer, Halsregion
Organsystem:
Kreislauf

Element:
Luft
Tagesqualität:
Licht
Nahrungsqualität:
Fett
Pflanzenteil:
Blüte
Körperzone:
Schultern, Arme, Hände
Organsystem:
Drüsensystem

Dienstag 31 JANUAR

Zwillinge
zunehmender Mond

Fit zum richtigen Zeitpunkt – an Zwillingetagen. Diese Übung scheint simpel, wirkt aber sagenhaft: Lassen Sie Ihre Arme wie Windmühlenflügel kreisen! Beginnen Sie mit dem rechten Arm und wechseln Sie dann zum linken. Jeweils mindestens siebenmal rückwärts und dann siebenmal vorwärts kreisen, nach Gefühl auch öfter. Lassen Sie ab dem siebten Mal den Arm schwingen, als ob er von selbst rotiert, ohne Kraftanstrengung. Setzen Sie das Kreisen so lange fort, bis sich die Hände gespannt und »aufgeblasen« anfühlen. Es geht nicht um sportliche Leistungen! Zum Schluss halten Sie die Hände senkrecht in die Luft, bis sie nicht mehr gerötet sind. Und dann fühlen Sie in sich hinein und genießen Sie.

Mittwoch 1 FEBRUAR

Rezepte aus unserem neuen Buch *Alpha-Omega-Formel* – das Alpha-Müsli. Was Sie brauchen: 1 Tasse Dinkelkörner, zu Flocken gequetscht * etwas Ahornsirup * Cashewkerne zerkleinert oder kleine Menge gemahlene oder gehackte Mandeln * 2 geriebene Äpfel (mit Schale) * 1 kleine zerdrückte Banane (wenn Sie nicht darauf verzichten möchten) * kleine Schale Rosinen * Soja- oder Mandeldrink. **Und so geht's:** Auch hier mit einer Flockenquetsche abends die Dinkelkörner quetschen und über Nacht in wenig Wasser einweichen (gut bedecken!). *(Lesen Sie morgen weiter)*

Zwillinge
zunehmender Mond

Element:
Luft
Tagesqualität:
Licht
Nahrungsqualität:
Fett
Pflanzenteil:
Blüte
Körperzone:
Schultern, Arme, Hände
Organsystem:
Drüsensystem

Donnerstag

2

FEBRUAR

Element:
Wasser
Tagesqualität:
Feuchte
Nahrungsqualität:
Kohlenhydrate
Pflanzenteil:
Blatt
Körperzone:
Brustbereich, Lunge
Organsystem:
Nervensystem

Krebs
zunehmender Mond

(Fortsetzung von gestern) Wenig Wasser, weil man es am Morgen nicht abgießen sollte. Morgens dann Ahornsirup, Cashews oder Mandeln, die Äpfel, nach Wunsch die zerdrückte Banane und die Rosinen (vielleicht vorher in ein wenig heißem Wasser aufgeweicht) mit den Dinkelflocken mischen. Das Ganze auch hier nach Gefühl mit Soja- oder Mandeldrink auffüllen. Und der Tag kann kommen! (Experimentieren Sie mit den Sirup- und Mandelmengen, bis Sie damit zufrieden sind. Auch Birnen machen sich gut in diesem Müsli, ebenso sämtliche Beeren der Saison).

Freitag

3

FEBRUAR

Ihr persönlicher Mini-Mondkalender 2023
Permanent-Make-up und Tattoos
sind im Jahr 2023 günstig:

vom 7.1. bis 21.1.	vom 2.8. bis 15.8.
vom 6.2. bis 19.2.	vom 31.8. bis 14.9.
vom 8.3. bis 21.3.	vom 29.9. bis 14.10.
vom 6.4. bis 19.4.	vom 29.10. bis 12.11.
vom 6.5. bis 19.5.	vom 27.11. bis 12.12.
vom 4.6. bis 17.6.	vom 27.12. bis 11.1.2024
vom 4.7. bis 17.7.	

Bitte in den genannten Zeiten sicherheitshalber das Tierkreiszeichen Steinbock auslassen, weil es die Haut regiert.

Krebs
zunehmender Mond

Element:
Wasser
Tagesqualität:
Feuchte
Nahrungsqualität:
Kohlenhydrate
Pflanzenteil:
Blatt
Körperzone:
Brustbereich, Lunge
Organsystem:
Nervensystem

Element:
Wasser
Tagesqualität:
Feuchte
Nahrungsqualität:
Kohlenhydrate
Pflanzenteil:
Blatt
Körperzone:
Brustbereich, Lunge
Organsystem:
Nervensystem

Samstag

4

FEBRUAR

Der besondere Tipp. Es ist kein Wunder, dass immer wieder die Frage nach dem richtigen Zeitpunkt für das Übersiedeln von Tieren auftaucht, denn früher achtete man genau auf die Regeln. Die dafür günstigen Wochentage sind Montag, Mittwoch und Samstag. Früher war es selbstverständlich, Viehmärkte nur mittwochs abzuhalten. Wenn Sie dienstags und donnerstags Tiere von einem Ort zum anderen bringen, dann gewöhnen sie sich schwerer an neue Umgebungen. Diese Regeln gelten auch für den Weg eines Haustiers von der Tierhandlung in das neue Zuhause oder wenn ein Jungtier von der Mutter getrennt wird.

Krebs
zunehmender Mond

Sonntag

5

FEBRUAR

Einfach zum Nachdenken

Sicherheit ist in erster Linie ein Aberglauben.
In der Natur existiert sie nicht,
noch erleben sie die Kinder der Menschen als Ganzes.
Die Gefahr meiden ist langfristig nicht sicherer,
als sich ihr Auge in Auge zu stellen.
Das Leben ist entweder ein mutiges Abenteuer –
oder es ist nichts.

Helen Keller

Element:
Feuer
Tagesqualität:
Wärme
Nahrungsqualität:
Eiweiß, Frucht
Pflanzenteil:
Frucht
Körperzone:
Herzregion, Kreislauf
Organsystem:
Sinnesorgane

19.27

Löwe
Vollmond

Montag

6

FEBRUAR

Element:
Feuer
Tagesqualität:
Wärme
Nahrungsqualität:
Eiweiß, Frucht
Pflanzenteil:
Frucht
Körperzone:
Herzregion, Kreislauf
Organsystem:
Sinnesorgane

Löwe
abnehmender Mond

Ihr persönlicher Mini-Mondkalender 2023
ACHTUNG! Sonnenbaden
(auch Solariumsbesuch!)
ist 2023 sehr ungünstig:

vom 6.1. bis 8.1.	am 23.5. und 24.5.	vom 6.10. bis 8.10.
vom 2.2. bis 4.2.	am 19.6. und 20.6.	vom 2.11. bis 4.11.
am 2.3. und 3.3.	vom 16.7. bis 18.7.	am 30.11.
am 29.3. und 30.3.	vom 12.8. bis 14.8.	am 11.12.
vom 25.4. bis 27.4.	am 9.9. und 10.9.	am 28.12. und 29.12.

Schatten wäre an den genannten Tagen
der beste Sonnenschutz!

Dienstag

7

FEBRUAR

Praktisches und Philosophisches rund um die Ernährung. Kochen ist Energiearbeit, Liebe in Aktion. Warum gibt es Tausende Diäten, Zehntausende wissenschaftliche, völlig widersprüchliche Studien zum Thema und Hunderttausende Kochbücher? Eines ist ganz gewiss, wenn Sie eine gültige und befriedigende Antwort finden möchten: Sie müssen *die Freude am Kochen wiedergewinnen!* Diese Freude öffnet alle Türen und lässt Sie fühlen, *was Sie wirklich brauchen.* Viele von uns sind als Kind mit »Genuss«-Mitteln zum »Bravsein« gebracht worden. Angefangen beim Eintauchen des Schnullers in Honig bis zum Bonbon abends *nach* dem Zähneputzen. *(Lesen Sie morgen weiter)*

Jungfrau
abnehmender Mond

Element:
Erde
Tagesqualität:
Kälte
Nahrungsqualität:
Salz
Pflanzenteil:
Wurzel
Körperzone:
Verdauungsorgane
Organsystem:
Kreislauf

Element:
Erde
Tagesqualität:
Kälte
Nahrungsqualität:
Salz
Pflanzenteil:
Wurzel
Körperzone:
Verdauungsorgane
Organsystem:
Kreislauf

Mittwoch

8

FEBRUAR

(Fortsetzung von gestern) Älteren Menschen fällt es oft sehr schwer zuzugeben, dass man über viele Jahre »etwas falsch gemacht hat«. Schuldgefühle sind aber fehl am Platz, wenn man es einfach nicht besser wusste. Die Kunst ist es, eingeschliffene Essgewohnheiten in neue, gesunde zu verwandeln. Wie wäre es, wenn Sie Industriesüßigkeiten oder -snacks gegen getrocknetes Bio-Obst austauschen? Statt Schokokugeln besser Biodatteln. Wir sind sicher, dass Ihr Erfindungsgeist Ihnen den richtigen Weg weisen wird, erst recht nach sieben Tagen Ernährung nach der Alpha-Omega-Formel (siehe unser gleichnamiges Buch). Neu gewonnene Sensibilität, Intuition und Enthusiasmus brauchen lohnende Ziele!

Jungfrau
abnehmender Mond

Umwelt und Klima – gesunder Menschenverstand und Mondkalender helfen mit. Zum Umgang mit Sturmschäden im Wald: Der gute Zeitpunkt zum Aufforsten sind die zwei bis drei Jungfrautage im Monat. Besondere Maßnahmen gegen Wildverbiss sind dann nicht nötig, und der Baum wächst robust und kräftig heran. Wir werden ja noch lange Zeit mit häufigeren Stürmen leben müssen, da ist es natürlich wunderbar, wenn man schon beim Aufforsten dafür sorgt, dass die Bäume robuster werden. Im Frühjahr hat man ja meist drei bis vier Monate Zeit zum Pflanzen, also stehen sechs bis zehn Jungfrautage zur Verfügung. Im Herbst lässt sich dann zudem Versäumtes nachholen.

Donnerstag

9

FEBRUAR

Element:
Erde
Tagesqualität:
Kälte
Nahrungsqualität:
Salz
Pflanzenteil:
Wurzel
Körperzone:
Verdauungsorgane
Organsystem:
Kreislauf

Jungfrau
abnehmender Mond

Freitag

10

FEBRUAR

Element:
Luft
Tagesqualität:
Licht
Nahrungsqualität:
Fett
Pflanzenteil:
Blüte
Körperzone:
Hüfte, Nieren, Blase
Organsystem:
Drüsensystem

Waage
abnehmender Mond

Gesund bleiben, gesund werden. Sie tun Ihrer Gesundheit viel Gutes, wenn Sie ganz allmählich umstellen und am späten Nachmittag zum letzten Mal am Tag etwas essen. Was später gegessen wird, bedarf größerer Verdauungsenergie und stärkerer Hormontätigkeit, die der Regeneration in der Nacht abgeht. Probieren Sie diesen Rat einfach aus und essen Sie eine Woche lang nach 18 Uhr nichts mehr. Beginnen Sie vielleicht am 20. Februar, bei Neumond. Viele Fälle von häufigen Rückenschmerzen, speziell morgens, sind eine Reaktion auf zu viel wertloses Weizenmehl. Ein Zusammenhang, der der Schulmedizin bisher so gut wie unbekannt ist.

Samstag

11

FEBRUAR

Tipps für die Ernährung, wie sie für uns gedacht ist – aus unserem neuen Buch *Alpha-Omega-Formel*. Wir sprachen schon oft darüber: Trinken Sie wenn möglich nicht während des Essens, sondern immer nur vorher oder danach. Für diesen Rat gibt es viele gute Gründe, der wichtigste ist aber die persönliche Erfahrung mit dem, was geschieht, wenn Sie ihn befolgen. Nur ein Beispiel: Beobachten Sie einmal, wie viel Sie essen, bis Sie satt sind, wenn Sie während der Mahlzeit nichts trinken. Unsere Prophezeiung: Sie sind viel schneller satt. Angenehmer Nebeneffekt: Sie nehmen nicht zu (oder langsamer).

Waage
abnehmender Mond

Element:
Luft
Tagesqualität:
Licht
Nahrungsqualität:
Fett
Pflanzenteil:
Blüte
Körperzone:
Hüfte, Nieren, Blase
Organsystem:
Drüsensystem

Element:
Wasser
Tagesqualität:
Feuchte
Nahrungsqualität:
Kohlenhydrate
Pflanzenteil:
Blatt
Körperzone:
Geschlechtsorgane
Organsystem:
Nervensystem

Sonntag

12

FEBRUAR

Einfach zum Nachdenken

Wenn a für Erfolg steht,
dann gilt die Formel $a = x + y + z$;
x ist Arbeit, y ist Spiel,
und z heißt Maulhalten.

Albert Einstein

Skorpion
abnehmender Mond

Montag

13

FEBRUAR

Fit zum richtigen Zeitpunkt – an Skorpiontagen. Spannen Sie, so kräftig es geht (Sie müssen ja nicht gleich ins Schwitzen kommen!), die Gesäßmuskeln an. Sie haben das noch nie gemacht? Einfach die Pobacken ganz fest zusammendrücken! Atmen Sie ein, schließen Sie die Augen und stellen Sie sich beim Anspannen vor, dass Sie durch den Unterleib hindurch ausatmen. Das trägt in gleicher Weise wie das Anspannen selbst zur Belebung und Durchwärmung dieser Region bei. Zudem wirkt diese Übung sehr anregend und kräftigend für Milz und Lymphsystem. Sie stärkt den Blasenmuskel und sorgt bei Frauen dafür, dass es nicht zur Gebärmuttersenkung kommt.

Element:
Wasser
Tagesqualität:
Feuchte
Nahrungsqualität:
Kohlenhydrate
Pflanzenteil:
Blatt
Körperzone:
Geschlechtsorgane
Organsystem:
Nervensystem

Skorpion
abnehmender Mond

Dienstag

14

FEBRUAR

Valentinstag

Element:
Wasser
Tagesqualität:
Feuchte
Nahrungsqualität:
Kohlenhydrate
Pflanzenteil:
Blatt
Körperzone:
Geschlechtsorgane
Organsystem:
Nervensystem

Skorpion
abnehmender Mond

Einfach zum Nachdenken

Ich habe die Menschen sehr lieb, und das fühlt Alt und Jung, ich gehe ohne Anmaßung durch die Welt, und dies behagt allen Erdensöhnen und Töchtern, ich bemoralisiere niemand – such immer die gute Seite auszuspähen, überlasse die schlimme dem, der die Menschen schuf und der es am besten versteht, die scharfen Ecken abzuschleifen.

Catharina Elisabeth Goethe

Mittwoch

15

FEBRUAR

Praktisches und Philosophisches rund um die Ernährung – kalt und heiß machen dick! Eiskaltes schwächt die Verdauungs- und Entgiftungsorgane. Nicht umsonst nehmen die Bewohner heißer Wüstenländer warme und heiße Getränke zu sich – etwa warmen Pfefferminztee. Generell ist zu heiß und zu kalt von Schaden, unabhängig vom Ernährungstyp. Das Tischgebet hatte früher auch den Sinn, die Speisen ein wenig abkühlen zu lassen. Am schädlichsten allerdings, für Alpha- und für Omega-Typ gleichermaßen, ist das Kombinieren von heiß und kalt. Widerstehen Sie der Versuchung, mit kalten Getränken zu »löschen«, wenn Sie versehentlich etwas zu Heißes geschluckt haben.

Schütze
abnehmender Mond

Element:
Feuer
Tagesqualität:
Wärme
Nahrungsqualität:
Eiweiß, Frucht
Pflanzenteil:
Frucht
Körperzone:
Oberschenkel, Venen
Organsystem:
Sinnesorgane

Element:
Feuer
Tagesqualität:
Wärme
Nahrungsqualität:
Eiweiß, Frucht
Pflanzenteil:
Frucht
Körperzone:
Oberschenkel, Venen
Organsystem:
Sinnesorgane

Donnerstag 16 FEBRUAR

Schütze
abnehmender Mond

Gemüse zum richtigen Zeitpunkt: Weißkohl. * Säen bei zunehmendem Mond, am besten an Krebs und Skorpion. * Ernten zum Lagern bei abnehmendem Mond, jedoch nicht an Blatttagen. * Ernten für Sauerkraut bei abnehmendem Mond, kein Blatttag. * Sauerkraut einhobeln bei abnehmendem Mond im Steinbock (ab Dezember). Optimale Gärung, nicht zu schnell und nicht zu trocken. * Niemals an Jungfrau einhobeln! Weißkohl versorgt uns mit vielen Mineralien, sorgt für gute Stimmung und macht fit. Das Immunsystem freut sich besonders über ein Weißkohlgericht, die Zellatmung wird angeregt, das Zellwachstum angekurbelt. Kümmel und ein Esslöffel Essig sollten jedoch nicht fehlen.

Freitag 17 FEBRUAR

Humor ist gute Medizin. Vom italienischen Komponisten Giacomo Puccini wird berichtet, dass er immer kurz vor Weihnachten seinen Freunden und guten Bekannten die Mailänder Kuchenspezialität Panettone zuschickte. So kam es, dass er sich eines Tages mit dem italienischen Dirigenten Arturo Toscanini verkrachte, ihm aber versehentlich einen Kuchen zukommen ließ. Puccini schickte umgehend ein Telegramm hinterher, in dem er schrieb: »Panettone aus Versehen geschickt.« Toscaninis schnelle Antwort per Telegramm lautete: »Panettone aus Versehen gegessen.«

Element:
Erde
Tagesqualität:
Kälte
Nahrungsqualität:
Salz
Pflanzenteil:
Wurzel
Körperzone:
Knie, Knochen, Haut
Organsystem:
Kreislauf

Steinbock
abnehmender Mond

Samstag

18

FEBRUAR

Element:
Erde
Tagesqualität:
Kälte
Nahrungsqualität:
Salz
Pflanzenteil:
Wurzel
Körperzone:
Knie, Knochen, Haut
Organsystem:
Kreislauf

Steinbock
abnehmender Mond

Humor ist gute Medizin. Erste Klasse Volksschule. Fragt die Lehrerin: »Wer kann mir ein paar Tiere aufzählen?« Fritzchen (wer sonst?) meldet sich und beginnt: »Kätzchen, Äffchen, Eselchen …« Unterbricht ihn die Lehrerin und bittet Fritzchen, doch das »-chen« wegzulassen. Fritzchen denkt nach und sagt: »Na gut. Eichhörn, Frett, Kanin…«

Sonntag

19

FEBRUAR

Humor ist gute Medizin – darüber lachen Kinder (und nicht nur die). Was ist grün und fliegt über die Wiese? Die Birne Maja! * Was liegt am Strand und ist schlecht zu verstehen? Eine Nuschel! * Zu welchem Arzt geht Pinocchio? Zum Holz-Nasen-Ohren-Arzt! * Wie nennt man einen Bären, der laut »Kugel« schreit? Kugel-schrei-bär! * Was ist grün, glücklich und hüpft übers Gras? Eine Freuschrecke! * Was ist das Gegenteil von Analog? Anna sagte die Wahrheit! * Was macht Robin Hood mit gestohlenem Deo? Er verteilt es unter den Armen. * Was ist sauber und rennt durch die Steppe? Eine Hygiäne. * Welches Gebäck weiß auf alles eine Antwort? Der Google-Hupf.

Wassermann
abnehmender Mond

Element:
Luft
Tagesqualität:
Licht
Nahrungsqualität:
Fett
Pflanzenteil:
Blüte
Körperzone:
Unterschenkel, Venen
Organsystem:
Drüsensystem

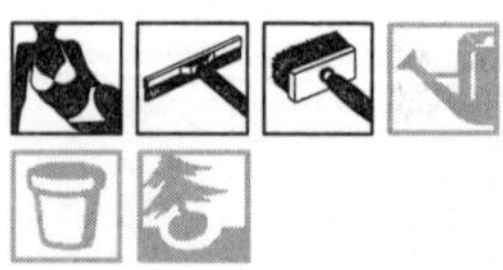

Element:
Luft
Tagesqualität:
Licht
Nahrungsqualität:
Fett
Pflanzenteil:
Blüte
Körperzone:
Unterschenkel, Venen
Organsystem:
Drüsensystem

Montag

20

FEBRUAR
Rosenmontag

08.05

Wassermann
Neumond

Humor ist gute Medizin. Am 40. Hochzeitstag erscheint einem Ehepaar eine gute Fee und gewährt beiden jeweils einen Wunsch. »Oh, ich würde so gerne einmal einen schönen langen Urlaub mit meinem Mann an einem Strand machen.« Peng!, und sie hält zwei Flugtickets in der Hand. Der Mann ist dran und sagt: »Das würde ich auch gerne, aber ich gestehe, dass ich es gerne mit einer 30 Jahre jüngeren Frau machen würde.« Die Fee sagt: »Das sei dir gewährt«, und es macht Knisterknaster, silberner Staub regnet auf den Mann herab, und er ist 30 Jahre älter.

Humor ist gute Medizin – Schilder in den Hotels der Welt. Hotelhandtücher stehlen verboten. Bitte nicht lesen, wenn Sie so was nicht tun. * Wenn baden, dann innerhalb der Wanne. * Wir nehmen Ihr Gepäck und schicken es gerne in alle Richtungen. * Wenn dies Ihr erster Besuch zu Moskau ist, dann akzeptieren wir das gerne.

Dienstag

21

FEBRUAR
Faschingsdienstag

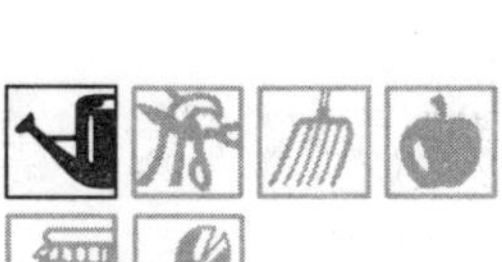

Element:
Wasser
Tagesqualität:
Feuchte
Nahrungsqualität:
Kohlenhydrate
Pflanzenteil:
Blatt
Körperzone:
Füße, Zehen
Organsystem:
Nervensystem

Fische
zunehmender Mond

Mittwoch

22

FEBRUAR
Aschermittwoch

Element:
Wasser
Tagesqualität:
Feuchte
Nahrungsqualität:
Kohlenhydrate
Pflanzenteil:
Blatt
Körperzone:
Füße, Zehen
Organsystem:
Nervensystem

Fische
zunehmender Mond

Gesund bleiben, gesund werden. Dass die Fastenzeit immer am Aschermittwoch beginnt, macht durchaus Sinn, denn dessen genauer Termin richtet sich alljährlich nach dem Mondrhythmus. Und hier wieder unser Vorschlag, wie man diese Zeit gut nutzen kann: Ernähren Sie sich genau eine Woche lang ohne jedes tierische Eiweiß. Legen Sie das Hauptgewicht auf Obst, Salat, Gewürze, Kräuter, Hülsenfrüchte. Unser neues Buch *Alpha-Omega-Formel* hilft Ihnen dabei, mit 100 Rezepten für wahrhaft köstliche Gerichte (siehe morgen). Und vor allem: Genießen Sie das schwebeleichte Gefühl, das sich nach der Woche einstellen wird.

Donnerstag

23

FEBRUAR

Rezepte aus unserem neuen Buch *Alpha-Omega-Formel* – Martinas Bananenbrot. Was Sie brauchen: 120 g Mehl * 1 TL Backpulver * 1 Prise Salz * 2 EL Sonnenblumenöl * 80–90 g Rohrohrzucker * nach Belieben ein wenig Vanillezucker und eine Messerspitze Zimt * 2 EL Sojamehl in 80 ml Soja- oder anderem Getreidedrink verrührt * 3–4 reife Bananen, mit der Gabel zerdrückt * evtl. Fett für die Form. **Und so geht's:** In einer kleinen Schüssel Mehl, Backpulver und Salz mischen. In einer größeren Schüssel Öl, Zucker, ggf. Gewürze und das verrührte Sojamehl mixen. *(Lesen Sie morgen weiter)*

Widder
zunehmender Mond

Element:
Feuer
Tagesqualität:
Wärme
Nahrungsqualität:
Eiweiß, Frucht
Pflanzenteil:
Frucht
Körperzone:
Kopfbereich bis Oberkiefer
Organsystem:
Sinnesorgane

Freitag

24

FEBRUAR

Element:
Feuer
Tagesqualität:
Wärme
Nahrungsqualität:
Eiweiß, Frucht
Pflanzenteil:
Frucht
Körperzone:
Kopfbereich bis Oberkiefer
Organsystem:
Sinnesorgane

(Fortsetzung von gestern) Anschließend das Mehl-Backpulver-Gemisch unterrühren, die zerdrückten Bananen unterziehen. Eine kleine Kastenbrotform (25 cm) einfetten oder ausbuttern, Teig gleichmäßig darin verteilen und etwa 40–45 Minuten im vorgeheizten Backofen bei 180 °C (Ober-/Unterhitze) backen. Statt die Brotform einzufetten, kann man auch Backpapier verwenden. Für Alpha-Typen das Öl im Rezept einfach durch 2 gehäufte EL weiche Butter ersetzen. Die Bananen machen das Dessert allerdings etwas »schwer« für Alphas.

Widder
zunehmender Mond

Samstag

25

FEBRUAR

Fit zum richtigen Zeitpunkt – an Stiertagen. Die speziellen Übungen für die Stier-Energie beginnen mit einer sanften Massage. Atmen Sie ein, greifen Sie mit den Händen die Dornfortsätze der Halswirbelsäule und streifen Sie im Ausatmen mit den Fingerspitzen und sanftem Druck nach vorne, bis Sie den Hals seitlich erreichen. Als ob die Finger den Hals nicht festhalten können und wie von allzu glatter Fläche abrutschen. Die Übung wirkt durchblutungsfördernd, lockernd und öffnet Energiebahnen entlang des Halses.

Element:
Erde
Tagesqualität:
Kälte
Nahrungsqualität:
Salz
Pflanzenteil:
Wurzel
Körperzone:
Unterkiefer, Halsregion
Organsystem:
Kreislauf

Stier
zunehmender Mond

Sonntag

26

FEBRUAR

Element:
Erde
Tagesqualität:
Kälte
Nahrungsqualität:
Salz
Pflanzenteil:
Wurzel
Körperzone:
Unterkiefer, Halsregion
Organsystem:
Kreislauf

Stier
zunehmender Mond

Einfach zum Nachdenken

Die Menschen sind wie farbige Bleiglas-Fenster.
Sie glitzern und leuchten, wenn die Sonne scheint,
aber wenn die Dunkelheit einsetzt,
erkennt man ihre wahre Schönheit nur,
wenn ein Licht von innen kommt.

Elisabeth Kübler-Ross

Montag

27

FEBRUAR

Der besondere Tipp. Vielleicht haben Sie es früher schon einmal bemerkt: Zwillingetage prägt eine besondere Energie, die manchen Menschen »auf den Wecker« gehen kann, besonders den eher Pedantischen unter uns. Man weiß nämlich morgens nie so ganz genau, wie der Tag ausgeht, fix Geplantes und Erwartetes entwickelt sich manchmal ganz anders. Oder das Wetter verhält sich anders, als es die Wetterfrösche vorhergesagt haben. Man neigt dazu, vieles anzufangen, ist aber unzufrieden, weil man nichts zu Ende bringt. Rüsten Sie sich einfach mit Gelassenheit und nehmen Sie die Dinge, wie sie kommen.

Zwillinge
zunehmender Mond

Element:
Luft
Tagesqualität:
Licht
Nahrungsqualität:
Fett
Pflanzenteil:
Blüte
Körperzone:
Schultern, Arme, Hände
Organsystem:
Drüsensystem

Element:
Luft
Tagesqualität:
Licht
Nahrungsqualität:
Fett
Pflanzenteil:
Blüte
Körperzone:
Schultern, Arme, Hände
Organsystem:
Drüsensystem

Dienstag

28

FEBRUAR

Zwillinge
zunehmender Mond

Der besondere Tipp. Immer wieder schreiben uns LeserInnen, die sich zwar für die Mondrhythmen interessieren, aber auch ein wenig Angst haben, zu sehr eingeengt zu werden. Sie fragen sich, ob der Mondkalender das Leben nicht noch komplizierter macht, als es ohnehin schon ist. Das absolute Gegenteil ist der Fall, es wird einfacher, alles fließt besser, man lebt gesünder und spart Geld. Unser Rat: Picken Sie aus der Fülle eine »Kleinigkeit« heraus, die Sie interessiert. Und beobachten Sie, was geschieht, wenn Sie sie ab jetzt zum richtigen Zeitpunkt tun. Dann folgt die Inspiration von selbst.

Mittwoch

1

MÄRZ

Fit zum richtigen Zeitpunkt – an Zwillingetagen. Winkeln Sie im Stehen oder Sitzen die Arme an und ballen Sie die Hände leicht zu Fäusten, ohne stark zu spannen. Lassen Sie in dieser Stellung nun die Schultern kreisen, siebenmal vorwärts und siebenmal rückwärts. Jeweils dreimal. Dabei während der Kreisbewegungen ausatmen und dazwischen in den kurzen Pausen einatmen. Von dieser Übung entspannen können Sie, indem Sie Ihre Arme nach vorne ausstrecken und einen Katzenbuckel machen, die Oberarme an die Ohren angelegt.

Element:
Luft
Tagesqualität:
Licht
Nahrungsqualität:
Fett
Pflanzenteil:
Blüte
Körperzone:
Schultern, Arme, Hände
Organsystem:
Drüsensystem

Zwillinge
zunehmender Mond

Donnerstag

2

MÄRZ

Element:
Wasser
Tagesqualität:
Feuchte
Nahrungsqualität:
Kohlenhydrate
Pflanzenteil:
Blatt
Körperzone:
Brustbereich, Lunge
Organsystem:
Nervensystem

Krebs
zunehmender Mond

Tipps für die Ernährung, wie sie für uns gedacht ist – aus unserem neuen Buch *Alpha-Omega-Formel*. Was wir von »Fleischersatzprodukten«, veganen Würstchen etc. halten, werden wir oft gefragt. Wir wollen Ihnen nicht vorschreiben, auf solche Produkte zu verzichten, aber es sei gesagt, dass sie nicht notwendig sind. Sie werden sehr energieaufwendig hergestellt und vermitteln das Gefühl: »Ohne Fleisch geht es im Grunde nicht.« Dabei ist menschenwürdige Ernährung ohne Fleisch so gut und schmackhaft, dass man sich schon bald »mit Fleisch« gar nicht mehr vorstellen kann. Diese Erfahrung sollte aber jedem selbst überlassen bleiben.

Freitag

3

MÄRZ

Der Mond – Ihr guter Freund in Haushalt und Alltag. Die Reinigung von gepolsterten Möbelstücken (Sitzbänke, Sitzkissen, auch Autositze) hat manchmal unbefriedigende Ergebnisse bis hin zu unangenehmen Gerüchen, die sich nach der Reinigung festsetzen. Der Mond kann dabei eine Rolle gespielt haben. Sie sollten nämlich niemals bei zunehmendem Mond an Wassertagen (Krebs, Skorpion, Fische) reinigen! Die Sachen bekommen einen faden Geruch, trocknen sehr schlecht und können später schimmeln. Sollten Sie einen schlechten Zeitpunkt gewählt haben, wiederholen Sie die Reinigung bei abnehmendem Mond an einem Lichttag (Zwillinge, Waage, Wassermann).

Element:
Wasser
Tagesqualität:
Feuchte
Nahrungsqualität:
Kohlenhydrate
Pflanzenteil:
Blatt
Körperzone:
Brustbereich, Lunge
Organsystem:
Nervensystem

Krebs
zunehmender Mond

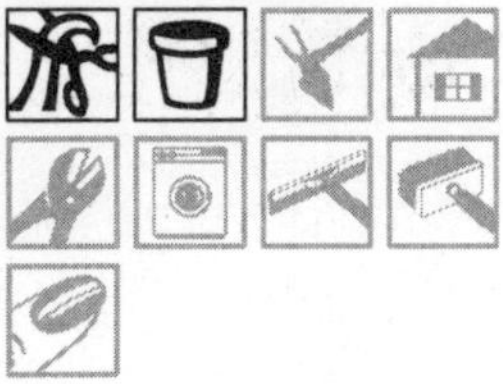

Element:
Feuer
Tagesqualität:
Wärme
Nahrungsqualität:
Eiweiß, Frucht
Pflanzenteil:
Frucht
Körperzone:
Herzregion, Kreislauf
Organsystem:
Sinnesorgane

Samstag
4
MÄRZ

Gemüse zum richtigen Zeitpunkt: Blumenkohl. * Setzen Ende Mai, bei zunehmendem Mond an Fruchttagen. Ernten etwa acht Wochen später im Juli/August. * Ernten zum Lagern bei abnehmendem Mond an Fruchttagen. Sie wollen Blumenkohl lagern? Unbedingt die Blätter über den Kopf schlagen, damit die Vitamine erhalten bleiben! Im Spätherbst und im Winter entfaltet er seine größte Heilkraft. Er stärkt generell unsere Abwehrkräfte, beugt Infektionen vor und ist damit das ideale Wintergemüse. Blumenkohl braucht viel Platz und viele Nährstoffe. Am besten in Reihen setzen und dazwischen Radieschen pflanzen. Nach dem letzten Frost setzen!

Löwe
zunehmender Mond

Sonntag
5
MÄRZ

Einfach zum Nachdenken

Ein Krieg lässt sich ebenso wenig gewinnen,
wie man ein Erdbeben gewinnen kann.
Als Frau kann ich nicht in den Krieg ziehen,
und ich weigere mich,
irgendjemand anderes zu schicken.

Jeannette Rankin

Element:
Feuer
Tagesqualität:
Wärme
Nahrungsqualität:
Eiweiß, Frucht
Pflanzenteil:
Frucht
Körperzone:
Herzregion, Kreislauf
Organsystem:
Sinnesorgane

Löwe
zunehmender Mond

Montag

6

MÄRZ

Element:
Feuer
Tagesqualität:
Wärme
Nahrungsqualität:
Eiweiß, Frucht
Pflanzenteil:
Frucht
Körperzone:
Herzregion, Kreislauf
Organsystem:
Sinnesorgane

☽

Löwe
zunehmender Mond

Der besondere Tipp. Eine Leserin schrieb uns kürzlich: »Haben wir überhaupt eine Chance, dass sich althergebrachtes Wissen wie der Mondkalender mit der heutigen Medizin verbindet?« Da sind wir sehr zuversichtlich, denn das heutige Gesundheitswesen ist ja ein »Krankheitswesen«. Wir können es uns schon sehr bald nicht mehr leisten, nur Krankheiten zu bekämpfen, statt auf wirksame Vorsorge zu setzen. Solange Medizin und Industrie mehr Geld mit Gesundwerden statt Gesundbleiben machen, so lange müssen wir unsere Gesundheit eigenverantwortlich pflegen. Dabei ist der Mondkalender eine große Hilfe.

Dienstag

7

MÄRZ

Praktisches und Philosophisches rund um die Ernährung. Eine gute Idee wäre es, was bei Ihnen auf den Teller kommt, ein paar Sekunden lang gedanklich zu segnen. Das kann schädliche Energien neutralisieren, aus welcher Quelle auch immer sie kommen mögen. Das sollten Sie aber nicht demonstrativ machen, sodass es jeder sehen kann. Dieser Moment geht nur Sie etwas an. * Die oft ausgesprochene Empfehlung, langsam zu kauen, hat ihren Sinn. Der Körper kann sich über die Botschaft der Geschmacksnerven ideal auf das einstellen, was kommt.

13.38

Jungfrau
Vollmond

Element:
Erde
Tagesqualität:
Kälte
Nahrungsqualität:
Salz
Pflanzenteil:
Wurzel
Körperzone:
Verdauungsorgane
Organsystem:
Kreislauf

Element:
Erde
Tagesqualität:
Kälte
Nahrungsqualität:
Salz
Pflanzenteil:
Wurzel
Körperzone:
Verdauungsorgane
Organsystem:
Kreislauf

Mittwoch

8

MÄRZ

Schön sein, schön bleiben. Manchmal sind längere Haare im Sommer angenehmer zu tragen als eine Kurzhaarfrisur. An heißen Tagen hat man die Möglichkeit, die Haare hochzustecken. Das kühlt nicht nur Hals- und Schulterregion, sondern es erleichtert auch den Badegenuss. Lange Haare werden dann nicht nass, was besonders bei einem kurzen Badevergnügen von Vorteil ist. Wenn Sie immer an Jungfrautagen die Spitzen schneiden, haben Sie in kurzer Zeit längere Haare. Wer allerdings heute nur die Stirnfransen schneidet, damit sie nicht in die Augen wachsen, erreicht genau das Gegenteil des gewünschten Ergebnisses.

Jungfrau
abnehmender Mond

Vom Auf und Ab der Organe im Tageslauf. Die Bahn des Mondes ist nicht der einzige Naturrhythmus, der auf Körper, Geist und Seele des Menschen einwirkt. In diesem Jahr möchten wir Sie wieder an eine weitere Wellenbewegung in der Natur erinnern, deren Kenntnis sich im Alltag nutzbringend einsetzen lässt – nämlich den Tagesrhythmus der Organe. Jedes Organ beziehungsweise jede Organgruppe arbeitet während zweier genau festgelegter Stunden des Tages am besten, gefolgt von einer zweistündigen Erholungsphase. Wir werden sie der Reihe nach vorstellen und morgen damit beginnen.

Donnerstag

9

MÄRZ

Element:
Luft
Tagesqualität:
Licht
Nahrungsqualität:
Fett
Pflanzenteil:
Blüte
Körperzone:
Hüfte, Nieren, Blase
Organsystem:
Drüsensystem

Waage
abnehmender Mond

Freitag

10

MÄRZ

Element:
Luft
Tagesqualität:
Licht
Nahrungsqualität:
Fett
Pflanzenteil:
Blüte
Körperzone:
Hüfte, Nieren, Blase
Organsystem:
Drüsensystem

Waage
abnehmender Mond

Vom Auf und Ab der Organe im Tageslauf. Gallenblase und Leber sind die ersten Organe, die wir in der Reihe »Tagesrhythmus der Organe« vorstellen wollen. Sie gehören zu den Organen, die sich in erster Linie im Schlaf regenerieren – die Galle zwischen 23 Uhr abends und 1 Uhr früh, die Leber zwischen 1 und 3 Uhr früh. Zumindest an den Jungfrautagen sollten Sie darauf achten, vor 23 Uhr Schlaf zu finden. Nicht mit Medikamenten nachhelfen, wenn sich Schlaf nicht einstellen will! Das ist stets schädlicher als die Schlaflosigkeit selbst. Viel besser wäre es, noch einen Brief zu schreiben oder etwas Sinnvolles zu arbeiten.

Samstag

11

MÄRZ

Gemüse zum richtigen Zeitpunkt: Linsen. Wer sich die Mühe macht und wieder auf den Geschmack von Linsen kommt, wird belohnt und will sie nicht so schnell wieder missen. Von größtem Nutzen ist die körperlich und seelisch ausgleichende Wirkung, die vom hohen Gehalt an Eiweiß, Aminosäuren und Spurenelementen ausgeht. Ein Tipp zur Verarbeitung: Linsen brauchen nicht lange, bis sie gekocht sind. Um eine gute Suppe zu machen, genügen Wasser, Salz und einige Lorbeerblätter (siehe auch die feinen Linsen-Rezepte in unserem Buch *Alpha-Omega-Formel*).

Waage
abnehmender Mond

Element:
Luft
Tagesqualität:
Licht
Nahrungsqualität:
Fett
Pflanzenteil:
Blüte
Körperzone:
Hüfte, Nieren, Blase
Organsystem:
Drüsensystem

Element:
Wasser
Tagesqualität:
Feuchte
Nahrungsqualität:
Kohlenhydrate
Pflanzenteil:
Blatt
Körperzone:
Geschlechtsorgane
Organsystem:
Nervensystem

Sonntag 12 MÄRZ

Einfach zum Nachdenken

Vorurteile – das ist eine Last,
die die Vergangenheit vernebelt,
die Zukunft bedroht
und die Gegenwart unzugänglich macht.

Maya Angelou

Skorpion
abnehmender Mond

Der Mond – Ihr guter Freund in Haushalt und Alltag. Reinigen zum richtigen Zeitpunkt hat schon viele LeserInnen vom Wirken der Mondrhythmen überzeugt. Wenn Sie beispielsweise heute stark Verschmutztes mit Hochdruck reinigen wollen, ist dafür wieder einmal ein guter Tag: Hartnäckige Verunreinigung von Terrassen, Werkstätten, die mit Sandstrahl etwas entrosten müssen, Wasserstrahlreinigung von Ställen oder Lagerräumen usw. Der Erfolg wäre langfristiger! Wenn Sie Balkone von Taubendreck befreien wollen, heute geht es leichter. Auch vermooste Dächer lassen sich heute mühelos von ihrer unerwünschten Last befreien.

Montag 13 MÄRZ

Element:
Wasser
Tagesqualität:
Feuchte
Nahrungsqualität:
Kohlenhydrate
Pflanzenteil:
Blatt
Körperzone:
Geschlechtsorgane
Organsystem:
Nervensystem

Skorpion
abnehmender Mond

Dienstag

14

MÄRZ

Element:
Feuer
Tagesqualität:
Wärme
Nahrungsqualität:
Eiweiß, Frucht
Pflanzenteil:
Frucht
Körperzone:
Oberschenkel, Venen
Organsystem:
Sinnesorgane

Schütze
abnehmender Mond

Moon Power für Garten, Feld und Wald. Wir wiederholen ihn gerne, diesen speziellen Tipp für die Gartensaison – aktuell und in Zukunft: Pflanzengemeinschaften im Garten helfen, Schädlinge abzuwehren. So gehören beispielsweise Karotten neben Zwiebeln, Salat neben Radieschen oder Erbsen neben Sellerie. Die Pflanzen arbeiten dann im Team, um sich gegen Angriffe zu wehren – wie es ja die Natur auch tut. Wo der Mensch nicht eingreift, gibt es nur selten massiven Schädlingsbefall. Und wenn, dann als Ergebnis einer Notwendigkeit, etwa weil eine bestimmte Pflanze überhandgenommen hat.

Mittwoch

15

MÄRZ

Der Mond – Ihr guter Freund in Haushalt und Alltag. Im Frühling greift manchmal eine merkwürdige Unruhe um sich, und die länger werdenden Tage bringen es ans Licht: Frühjahrsputz tut not! Alles wartet darauf, gründlich durchstöbert, gelüftet und gereinigt zu werden. Sie haben es vielleicht in den vergangenen Monaten schon bemerkt: Die Natur hat es so eingerichtet, dass die besten Tage für diese Arbeit im abnehmenden Mond liegen. Von heute an bis Neumond am 21. März wäre also die beste Zeit.

Schütze
abnehmender Mond

Element:
Feuer
Tagesqualität:
Wärme
Nahrungsqualität:
Eiweiß, Frucht
Pflanzenteil:
Frucht
Körperzone:
Oberschenkel, Venen
Organsystem:
Sinnesorgane

Donnerstag 16 MÄRZ

Element:
Erde
Tagesqualität:
Kälte
Nahrungsqualität:
Salz
Pflanzenteil:
Wurzel
Körperzone:
Knie, Knochen, Haut
Organsystem:
Kreislauf

Praktisches und Philosophisches rund um die Ernährung. Hören Sie fünf Minuten vor dem Sattsein auf zu essen. Niemals mehr zu essen, als es das Hungergefühl vorschreibt – das wäre schon ein wunderbarer Schritt in Richtung Gesundheit. Der Körper braucht aber etwa fünf Minuten, um zu signalisieren, dass er die Grenze zum Sattsein überschritten hat. Im Klartext: Wenn Sie schon während der Mahlzeit satt sind, haben Sie zu viel gegessen! Woher aber soll ich wissen, dass ich in fünf Minuten satt bin? Wie so vieles ist auch das eine Frage von Gespür, das sich durch Selbstbeobachtung entwickelt. *(Lesen Sie morgen weiter)*

Steinbock
abnehmender Mond

Freitag 17 MÄRZ

(Fortsetzung von gestern) Es ist wie beim Autofahren: Sie erinnern sich vielleicht noch an Ihre ersten Fahrstunden. Wissen Sie noch, wie sich langsam das Gefühl entwickelte, wann genau Sie mit dem Bremsen beginnen müssen, damit Sie auch tatsächlich am Strich vor der Ampel stehen bleiben? Heute würden Sie die Frage, woher Sie genau wissen, wann das Bremsen beginnen muss, ebenfalls beantworten mit: »Das hat man im Lauf der Zeit im Gefühl.« Das »In-fünf-Minuten-bin-ich-satt«-Gefühl entwickelt sich in derselben Weise. Sie müssen nur Ihren Körper kennenlernen wollen.

Element:
Erde
Tagesqualität:
Kälte
Nahrungsqualität:
Salz
Pflanzenteil:
Wurzel
Körperzone:
Knie, Knochen, Haut
Organsystem:
Kreislauf

Steinbock
abnehmender Mond

Samstag

18

MÄRZ

Element:
Luft
Tagesqualität:
Licht
Nahrungsqualität:
Fett
Pflanzenteil:
Blüte
Körperzone:
Unterschenkel, Venen
Organsystem:
Drüsensystem

Wassermann
abnehmender Mond

Gesund bleiben, gesund werden. Dass ein »Unkraut« nicht immer Unkraut ist, haben wir in unserem Buch *Der lebendige Garten* ausführlich beschrieben. Vielleicht ist das Kraut, das Sie loswerden wollen, eine wertvolle Heilpflanze, die nicht ohne Grund gerade in Ihrer Nähe wächst. Überlegen Sie deshalb gut, was Sie vorhaben, wenn Sie sich an die Unkrautbekämpfung machen. So würden beispielsweise 14 Tage lang täglich drei Löwenzahnstängel, ohne Blüte roh gegessen, alle Lebensgeister wecken.

Sonntag

19

MÄRZ

Einfach zum Nachdenken

Im Laufe der Zeit werden wir alle geschickter,
uns einen Weg durch den Dschungel
guter Ratschläge zu bahnen.

Margot Bennett

Wassermann
abnehmender Mond

Element:
Luft
Tagesqualität:
Licht
Nahrungsqualität:
Fett
Pflanzenteil:
Blüte
Körperzone:
Unterschenkel, Venen
Organsystem:
Drüsensystem

Element:
Wasser
Tagesqualität:
Feuchte
Nahrungsqualität:
Kohlenhydrate
Pflanzenteil:
Blatt
Körperzone:
Füße, Zehen
Organsystem:
Nervensystem

Montag
20
MÄRZ

Fische
abnehmender Mond

Mondkalender enträtselt. Viele LeserInnen wünschen sich im Laufe der Zeit immer wieder einmal eine genauere Erklärung, was die Angabe der »Körperzone« bei den einzelnen Tierkreiszeichen bedeutet. Für die Fischetage wie heute beispielsweise gilt: Was Sie jetzt generell für die Füße tun, wirkt doppelt wohltuend, vorbeugend und heilend, etwa eine Fußreflexzonenmassage. Die Ausnahme sind chirurgische Eingriffe an den Füßen. Dagegen wirkt alles, was die Füße in den Fischetagen stärker belastet, schädlicher als an anderen Tagen – etwa das Tragen von falschem Schuhwerk.

Dienstag
21
MÄRZ

Gesund bleiben, gesund werden. Am Wassertag Fische zur Erinnerung: Das beste Medikament der Welt ist gleichzeitig das billigste – normales Leitungswasser, *nicht* Mineralwasser. Wir gönnen unserem Körper in den meisten Fällen zu wenig von dieser lebensnotwendigen Medizin. Er kann dann seine Gifttransporte nicht gefahrlos durch Leber, Nieren und Darm schicken und muss einen Teil der Schlacken ablagern – in Gelenken, unter der Haut (als Orangenhaut), als Fettgewebe, als Gallen- und Nierensteine. Unser Rat: Trinken Sie viel Wasser, am meisten zwischen 15 und 19 Uhr. Die beste Medizin!

Element:
Wasser
Tagesqualität:
Feuchte
Nahrungsqualität:
Kohlenhydrate
Pflanzenteil:
Blatt
Körperzone:
Füße, Zehen
Organsystem:
Nervensystem

18.22

Fische
Neumond

Mittwoch

22

MÄRZ

Element:
Feuer
Tagesqualität:
Wärme
Nahrungsqualität:
Eiweiß, Frucht
Pflanzenteil:
Frucht
Körperzone:
Kopfbereich bis Oberkiefer
Organsystem:
Sinnesorgane

Widder
zunehmender Mond

Fit zum richtigen Zeitpunkt – an Widdertagen. Fassen Sie Ihre Ohren zwischen Daumen und Zeigefinger, nicht am Ohrläppchen, nicht oben, sondern irgendwo dazwischen – an einer Stelle, die letztlich dann »Ihre« Stelle wird, weil jeder Mensch hier verschieden ist. Ziehen Sie nun Ihr Ohr vorsichtig schräg nach hinten, als ob Sie es ganz weit öffnen und verlängern wollen. Die Zugkraft ist dabei nicht wichtig. Sie haben die Übung richtig gemacht, wenn Sie plötzlich ein Wärmegefühl haben, eine angenehme Wärme, die Ihre Ohren erfüllt.

Donnerstag

23

MÄRZ

Umwelt und Klima – gesunder Menschenverstand und Mondkalender helfen mit. Wer auf tierisches Eiweiß in seiner Nahrung verzichtet, schützt nicht nur seine Gesundheit, sondern auch das Trinkwasser: Die Abfälle aus der Massentierhaltung sind zehn bis mehrere Hundert Mal so hoch wie übliche Haushaltsabwässer. Durch die Überdüngung werden die Böden mit Ammoniak, Nitraten und Phosphaten angereichert. 95 bis 98 Prozent der giftigen Chemikalien in der Nahrung stammen von Fleisch, Fisch, Milchprodukten und Eiern. Der Pestizidgehalt von Fleisch ist ca. 14 mal höher als bei pflanzlicher Nahrung.

Widder
zunehmender Mond

Element:
Feuer
Tagesqualität:
Wärme
Nahrungsqualität:
Eiweiß, Frucht
Pflanzenteil:
Frucht
Körperzone:
Kopfbereich bis Oberkiefer
Organsystem:
Sinnesorgane

Freitag

24

MÄRZ

Element:
Erde
Tagesqualität:
Kälte
Nahrungsqualität:
Salz
Pflanzenteil:
Wurzel
Körperzone:
Unterkiefer, Halsregion
Organsystem:
Kreislauf

Gemüse zum richtigen Zeitpunkt: Sellerie. * Setzen bei abnehmendem Mond, ideal an einem Wurzeltag oder an einem Fruchttag. * Ernten zum Lagern an Stiertagen. Vitamin-B-Mangel lässt sich gut mit Bio-Sellerie ausgleichen. Wohlbefinden und erhöhte Widerstandskraft werden Ihnen dann schon den Weg zeigen. Zwischen den Sellerie ein paar Senfkörner streuen. Das ist gut für den Boden. Wenn der Senf zu groß wird, entweder bei abnehmendem Mond als Mulch liegen lassen oder ausreißen und auf den Kompost werfen. Sellerie sollte weder weiteres Wurzelgemüse noch Salat in seiner Nähe haben. Einfach dort setzen, wo Platz ist, er ist sehr pflegeleicht.

Stier
zunehmender Mond

Samstag

25

MÄRZ

Rezepte aus unserem neuen Buch *Alpha-Omega-Formel* – Raffaelo-Cremedessert. Was Sie brauchen: 180 ml Mandeldrink, ungesüßt * 150 g Rohrohrzucker * 1 Päckchen Vanillezucker * 2 EL Speisestärke (Tapioka, Maisstärke etc.) * 200 g Kokosflocken * 70 g Pekannüsse, gehackt. **Und so geht's:** Mandeldrink, Zucker und Vanillezucker in einem Topf bei mittlerer Hitze unter Rühren erhitzen, bis sich der Zucker aufgelöst hat. Speisestärke mit 2–3 EL kaltem Wasser in einer kleinen Schüssel glatt rühren, dann zum Mandeldrink in den Topf gießen. Bei schwacher Hitze köcheln lassen und rühren, bis die Milch andickt (8–12 Minuten). *(Lesen Sie morgen weiter)*

Element:
Erde
Tagesqualität:
Kälte
Nahrungsqualität:
Salz
Pflanzenteil:
Wurzel
Körperzone:
Unterkiefer, Halsregion
Organsystem:
Kreislauf

Stier
zunehmender Mond

Sonntag

26

MÄRZ

Element:
Erde
Tagesqualität:
Kälte
Nahrungsqualität:
Salz
Pflanzenteil:
Wurzel
Körperzone:
Unterkiefer, Halsregion
Organsystem:
Kreislauf

Stier
zunehmender Mond

(Fortsetzung von gestern) Jetzt den Topf vom Herd nehmen und Kokosflocken und Pekannüsse einrühren. Die Creme abkühlen lassen und dann zimmerwarm servieren. Das Rezept ist für 3–4 Personen berechnet. Mit Hilfe der Menge der Kokosflocken lässt sich steuern, welche Konsistenz die Creme bekommt. Man kann sie so fein festigen, dass sich Kugeln daraus rollen lassen, vielleicht mit einer ganzen Haselnuss in der Mitte? Und dann in Kokosflocken rollen? Wir schmelzen öfter eine Tafel Schokolade, tauchen die Kugeln ein, und ab in den Gefrierschrank damit für kurze Zeit. Lassen Sie Ihre Fantasie spielen! Die Kugeln sind auch ein begehrtes, nicht alltägliches Mitbringsel.

Montag

27

MÄRZ

Vom Auf und Ab der Organe im Tageslauf. Heutiges Thema – die Lunge: Bergsteiger und Tourengeher wissen, dass sie der Start um 3 Uhr früh manchmal besser in Schwung bringt, als wenn sie »ausgeschlafen« um 5 Uhr morgens starten würden. Die Hoch-Zeit der Lunge währt nämlich von 3 Uhr bis 5 Uhr früh. Der gute Start um 3 Uhr lässt den Kräfteabfall nach 5 Uhr harmonischer überbrücken – man hat sich »eingelaufen«. Raucher kannten und kennen den routinemäßigen Hustenreiz am Morgen, die Lunge hat in der Nacht ganze Arbeit geleistet, um nach außen zu schaufeln, was nicht hineingehört.

Zwillinge
zunehmender Mond

Element:
Luft
Tagesqualität:
Licht
Nahrungsqualität:
Fett
Pflanzenteil:
Blüte
Körperzone:
Schultern, Arme, Hände
Organsystem:
Drüsensystem

Element:
Luft
Tagesqualität:
Licht
Nahrungsqualität:
Fett
Pflanzenteil:
Blüte
Körperzone:
Schultern, Arme, Hände
Organsystem:
Drüsensystem

Dienstag

28

MÄRZ

Zwillinge
zunehmender Mond

Humor ist gute Medizin. Eines Tages wurde Thomas Alva Edison von einem Laien gefragt, ob er ihm ohne Fachausdrücke die Funktionsweise der drahtlosen Telegrafie erklären könne. »Das ist ganz einfach«, sagte Edison. »Stellen Sie sich vor, ein Dackel wäre so lang, dass er von New York bis nach London reicht. Wenn Sie ihn in New York in den Schwanz kneifen, so jault er in London. Das ist Telegrafie. Und drahtlose Telegrafie ist dasselbe ohne Dackel.«

Mittwoch

29

MÄRZ

Fit zum richtigen Zeitpunkt – an Krebstagen. Diese Übung ist in vielfacher Hinsicht eine »Energie«-Arbeit. Unter anderem regt sie den Gallen-Meridian an, der durch kaum eine andere Übung so gut in Schwung kommt. Ein weiterer oftmals höchst erwünschter Effekt ist die Wirkung für einen schönen Busen. Heben Sie dazu die Arme in Brusthöhe und umfassen Sie mit der rechten Hand den linken Unterarm und mit der linken Hand den rechten Unterarm. Und jetzt versuchen Sie – auf Brusthöhe bleibend – mit den Händen den jeweils anderen Arm in Richtung Ellenbogen zu schieben. *(Lesen Sie morgen weiter)*

Element:
Wasser
Tagesqualität:
Feuchte
Nahrungsqualität:
Kohlenhydrate
Pflanzenteil:
Blatt
Körperzone:
Brustbereich, Lunge
Organsystem:
Nervensystem

Krebs
zunehmender Mond

Donnerstag

30

MÄRZ

Element:
Wasser
Tagesqualität:
Feuchte
Nahrungsqualität:
Kohlenhydrate
Pflanzenteil:
Blatt
Körperzone:
Brustbereich, Lunge
Organsystem:
Nervensystem

Krebs
zunehmender Mond

(Fortsetzung von gestern) Gleichzeitig leisten Sie aber so viel Widerstand mit den Armen, dass es nicht geht. Schieben Sie den Kopf ganz leicht nach vorne. Würde er genau senkrecht stehen, neigen die Nackenmuskeln dazu, mitzuarbeiten und sich etwas zu verspannen. Dabei zählen Sie bis drei, atmen langsam aus, entspannen sich dann und atmen ein. Wiederholen Sie die Übung anfangs siebenmal, später nach Gefühl öfter.

Freitag

31

MÄRZ

Gesund bleiben, gesund werden. Nachdem gerade bei Löwe der Kreislauf ein wenig verrücktspielt und zu Schlaflosigkeit oder gar Herzproblemen führen kann, hier ein altes Rezept zur Normalisierung: Weichen Sie einen gehäuften Teelöffel Mistel 12 Stunden in einem Viertelliter kaltem Wasser ein. Dann etwas anwärmen, abseihen und schluckweise trinken. Täglich drei Tassen davon, und der Kreislauf kommt in Ordnung. Angenehmer Nebeneffekt: Auch der Arbeitseifer kommt wieder in Schwung.

Löwe
zunehmender Mond

Element:
Feuer
Tagesqualität:
Wärme
Nahrungsqualität:
Eiweiß, Frucht
Pflanzenteil:
Frucht
Körperzone:
Herzregion, Kreislauf
Organsystem:
Sinnesorgane

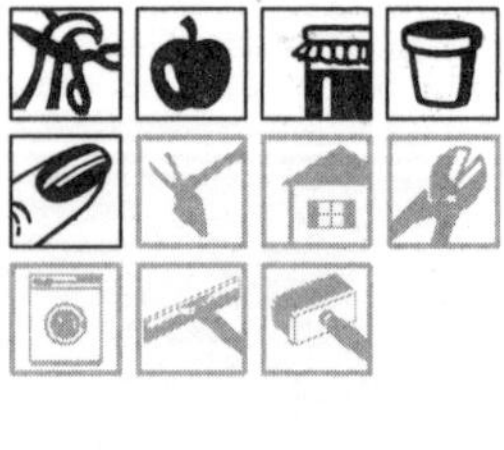

Element:
Feuer
Tagesqualität:
Wärme
Nahrungsqualität:
Eiweiß, Frucht
Pflanzenteil:
Frucht
Körperzone:
Herzregion, Kreislauf
Organsystem:
Sinnesorgane

Samstag

1

APRIL

Löwe
zunehmender Mond

Humor ist gute Medizin – aus dem Schilderwald der Welt (kein Aprilscherz, alles echt). In einer norwegischen Cocktaillounge: »Damen mögen in der Bar keine Kinder bekommen.« In einem japanischen Hotel an der Klimaanlage: »Kühlt und heizt. Wenn Sie es nur warm haben wollen, bitte reißen Sie sich zusammen.« Aus der Broschüre einer Autovermietung in Tokio: »Wenn Passagier zu Fuß vor Ihren Augen sich erhebt, dudeln Sie Ihre Hupe. Trompeten Sie ihm zart melodisch zu Anfang, wenn er dann immer noch Ihren Weg hindernist, dudeln Sie ihm mit Volldampf.«

Sonntag

2

APRIL

Einfach zum Nachdenken

Man lehrt uns, dass man Vätern, Schwestern, Brüdern, der Schule, den Lehrern, der Politik, der Wissenschaft die Schuld geben muss. Alles und jedem die Schuld geben, jedoch niemals dir selbst! Es ist niemals dein Fehler. Aber es ist IMMER dein Fehler: Wenn du etwas ändern willst, bist DU es, der sich ändern muss. Es ist so einfach, oder?

Katharine Hepburn

Element:
Feuer
Tagesqualität:
Wärme
Nahrungsqualität:
Eiweiß, Frucht
Pflanzenteil:
Frucht
Körperzone:
Herzregion, Kreislauf
Organsystem:
Sinnesorgane

Löwe
zunehmender Mond

Montag

3

APRIL

Element:
Erde
Tagesqualität:
Kälte
Nahrungsqualität:
Salz
Pflanzenteil:
Wurzel
Körperzone:
Verdauungsorgane
Organsystem:
Kreislauf

Jungfrau
zunehmender Mond

Gesund bleiben, gesund werden. Ausreichend Schlaf wäre gerade an den Jungfrautagen besonders wichtig. Für die Leber ist ja die Zeit zwischen 1 und 3 Uhr nachts Hochbetriebszeit: Abbau verbrauchter Blutkörperchen, Verarbeitung der Nahrung, Umwandlung von pflanzlichem und tierischem in körpereigenes Eiweiß, Speicherung von Zucker in den Leberzellen usw. – es ist viel zu tun! Vielleicht wird nun deutlicher, warum generell abends nicht mehr schwer gegessen werden sollte.

Dienstag

4

APRIL

Praktisches und Philosophisches rund um die Ernährung. Fast unvermeidliche Folge einer erfolgreichen Ernährungsumstellung ist es, dass Körper und Geist für eine kurze Zeit auf die Barrikaden gehen. In erster Linie reagiert der Körper merklich auf den Verzicht auf tierisches Eiweiß, Milchprodukte, Süßigkeiten und Kaffee. Der Geist möchte sich eben die vielfältigen Funktionen bestimmter Essgewohnheiten nicht nehmen lassen – Trost, Vergessen, Kopf in den Sand, Selbstbelohnung usw. Die Grenze zwischen Gewohnheit und Sucht können Sie erfahren, wenn Sie einmal mindestens sieben Tage lang auf das Objekt Ihrer Wünsche verzichten. *(Lesen Sie morgen weiter)*

Jungfrau
zunehmender Mond

Element:
Erde
Tagesqualität:
Kälte
Nahrungsqualität:
Salz
Pflanzenteil:
Wurzel
Körperzone:
Verdauungsorgane
Organsystem:
Kreislauf

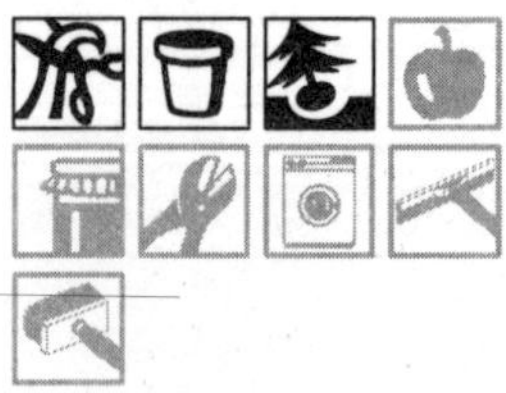

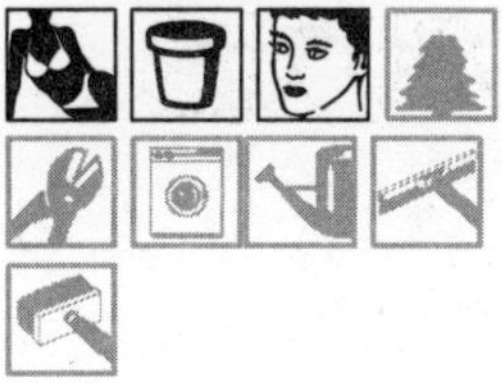

Element:
Luft
Tagesqualität:
Licht
Nahrungsqualität:
Fett
Pflanzenteil:
Blüte
Körperzone:
Hüfte, Nieren, Blase
Organsystem:
Drüsensystem

Mittwoch
5
APRIL

(Fortsetzung von gestern) Die körperlichen und geistigen Entzugserscheinungen sagen alles. Das können eines oder mehrere von diversen Symptomen sein: Unruhe, Reizbarkeit, Ängste, Kopfschmerzen, Konzentrationsschwäche, unreine Haut, weil der Körper entgiftet. Viele sagen sich dann oft, dass ihnen die Umstellung »nicht guttut«. Seien Sie einfach darauf vorbereitet. Fast immer dauert ein solcher »Entzug« ohnehin nicht länger als fünf Tage. Denken Sie einfach daran: Sie müssen bei Weitem nicht alles auf einmal über Bord werfen, was Sie belastet. Ab und zu auf ein Bausteinchen verzichten, das wäre auch in Ordnung. Jede Reise um die Welt beginnt mit einem einzigen Schritt.

Waage
zunehmender Mond

Donnerstag
6
APRIL
Gründonnerstag

Einfach zum Nachdenken

Geduldig, taktvoll, bescheiden, ehrbar,
tapfer, sanftmütig zu sein
ist weder männlich noch weiblich;
es bedeutet, menschlich zu sein.

Jane Harrison

Element:
Luft
Tagesqualität:
Licht
Nahrungsqualität:
Fett
Pflanzenteil:
Blüte
Körperzone:
Hüfte, Nieren, Blase
Organsystem:
Drüsensystem

05.34

Waage
Vollmond

Freitag

7

APRIL

Karfreitag

Element:
Luft
Tagesqualität:
Licht
Nahrungsqualität:
Fett
Pflanzenteil:
Blüte
Körperzone:
Hüfte, Nieren, Blase
Organsystem:
Drüsensystem

Waage
abnehmender Mond

Einfach zum Nachdenken

Was ich aus Trutz vollbracht,
wuchs voll Pracht
über Nacht
und ward verregnet.
Was ich aus Lieb' gesät,
keimte stet, reifte spät
und ist gesegnet.

Peter Rosegger

Samstag

8

APRIL

Der Mondkalender hilft, Zeit und Geld zu sparen. Der abnehmende Mond im Skorpion ist ein günstiger Tag fürs Setzen von Kopfsalat und anderen Gemüsesorten, die zum Schießen neigen. Die Blattbildung wird angeregt, die Pflanzen kopfen schön. Vergessen Sie nicht, an Blatttagen (Krebs, Skorpion, Fische) Ihre Blumen und Topfpflanzen zu gießen.

Skorpion
abnehmender Mond

Element:
Wasser
Tagesqualität:
Feuchte
Nahrungsqualität:
Kohlenhydrate
Pflanzenteil:
Blatt
Körperzone:
Geschlechtsorgane
Organsystem:
Nervensystem

Sonntag

9

APRIL
Ostersonntag

Element:
Wasser
Tagesqualität:
Feuchte
Nahrungsqualität:
Kohlenhydrate
Pflanzenteil:
Blatt
Körperzone:
Geschlechtsorgane
Organsystem:
Nervensystem

Einfach zum Nachdenken

Unmittelbar hinter euren Worten und Gedanken, hinter der Liebe eures Herzens und eurem Willen, hinter eurem Ichbewusstsein liegt der große Geist Gottes. Wer ihn in weiter Ferne wähnt, für den ist er weit fort. Für jene, die ihn nahe glauben, ist er ewig nah. In allen heiligen Schriften steht: »Wer mich in allen Dingen schaut und alle Dinge in mir, der verliert mich nie aus den Augen – noch verliere ich ihn je aus den Augen.« Gott lässt uns nie im Stich.

Yogananda

Skorpion
abnehmender Mond

Montag

10

APRIL
Ostermontag

Einfach zum Nachdenken

Menschen mit festem Charakter sind meist am glücklichsten. Sie geben anderen nicht die Schuld an den eigenen Schwierigkeiten, weil sie in der Regel dem eigenen Handeln und mangelnder Einsicht zuzuschreiben sind. Sie wissen, dass keiner die Macht hat, ihrem Glück etwas hinzuzufügen, noch es zu schmälern. Es sei denn, sie lassen sich von negativen Gedanken und bösen Handlungen anderer Menschen beeinflussen.

Yogananda

Element:
Feuer
Tagesqualität:
Wärme
Nahrungsqualität:
Eiweiß, Frucht
Pflanzenteil:
Frucht
Körperzone:
Oberschenkel, Venen
Organsystem:
Sinnesorgane

Schütze
abnehmender Mond

Dienstag

11

APRIL

Element:
Feuer
Tagesqualität:
Wärme
Nahrungsqualität:
Eiweiß, Frucht
Pflanzenteil:
Frucht
Körperzone:
Oberschenkel, Venen
Organsystem:
Sinnesorgane

Schütze
abnehmender Mond

Gemüse zum richtigen Zeitpunkt: Spinat. * Säen bei zunehmendem Mond, am besten an einem Blatttag. Ernten zum sofortigen Verbrauch: nach Bedarf. * Ernten zum Einfrieren: eventuell an einem Blatttag. * Spinat können Sie auch im Herbst säen, zwischen August und Oktober, ansonsten im zeitigen Frühjahr. Spinat sollten Sie immer in Bio-Qualität kaufen, er ist ein wahrer Magnet für Schadstoffe, besonders für Nitrate. Als Bio-Spinat jedoch zählt er zu den wertvollsten Gemüsen. Früher ging das Märchen um, Spinat sei gut für Kleinkinder, und man stopfte sie damit voll. Heute setzt sich allmählich die Einsicht durch, dass Spinat wohl wertvoll ist, aber sicher kein Wundermittel.

Mittwoch

12

APRIL

Tipps für die Ernährung, wie sie für uns gedacht ist – aus unserem neuen Buch *Alpha-Omega-Formel.* Kleines Quiz, um herauszufinden, welcher Ernährungstyp Sie sind: Sie vertragen den täglichen Orangensaft, haben bei Gurken keine Probleme mit Aufstoßen, und Karotten sind ein bevorzugtes Gemüse? Lieben Sie größere Mahlzeiten, dafür in größeren Abständen, ohne Snacks zwischendurch? Nach Süßigkeiten und Weizenbrot stellt sich regelmäßig Müdigkeit ein? Bekommen Sie von Kirschen, Aprikosen oder Pflaumen einen sauren Magen, vertragen Sie Äpfel besser? Fast immer mit Ja geantwortet gibt einen deutlichen Hinweis auf einen Alpha-Typ. *(Lesen Sie morgen weiter)*

Element:
Erde
Tagesqualität:
Kälte
Nahrungsqualität:
Salz
Pflanzenteil:
Wurzel
Körperzone:
Knie, Knochen, Haut
Organsystem:
Kreislauf

Steinbock
abnehmender Mond

Element:
Erde
Tagesqualität:
Kälte
Nahrungsqualität:
Salz
Pflanzenteil:
Wurzel
Körperzone:
Knie, Knochen, Haut
Organsystem:
Kreislauf

Donnerstag

13

APRIL

(Fortsetzung von gestern) Kleines Quiz, um herauszufinden, welcher Ernährungstyp Sie sind: Sie haben relativ oft Hungergefühle, sind aber dann schon mit Kleinigkeiten wie ein paar Früchten, einer Müslischnitte, einem Smoothie zufrieden? Große Portionen wirken abschreckend? Bio-Süßigkeiten wirken nicht so belastend, wie man erwarten könnte? Bio-Weißbrot vertragen Sie gut, bekommen von Roggenbrot eher Magendrücken? Tierisches Fett, Butter usw. kann schon mal eine leichte Übelkeit verursachen? Der tägliche, angeblich so gesunde Apfel kann Sie nicht wirklich begeistern? Viele Ja-Antworten lassen einen Omega-Typ vermuten.

Steinbock
abnehmender Mond

Freitag

14

APRIL

Praktisches und Philosophisches rund um die Ernährung – richtig umgehen mit Heißhunger. Das ist meist ein dringender Wunsch nach Selbstbelohnung. Man möchte sich sagen: »Ich gönne mir jetzt etwas!« Manchmal meldet sich auch akuter Mineralienmangel auf diese Weise oder auch Pilze und Würmer im Darm, ausgelöst und angekurbelt durch ständiges Schnabulieren von Süßigkeiten. Im akuten Fall helfen fast immer einer oder mehrere der folgenden einfachen Tricks: * Ein Glas Wasser, nicht sehr kalt, langsam trinken. * Eine Trockenpflaume kauen, ganz langsam. * Ein Glas warmer Tee. * Zähne putzen. Einfach mal ausprobieren!

Element:
Luft
Tagesqualität:
Licht
Nahrungsqualität:
Fett
Pflanzenteil:
Blüte
Körperzone:
Unterschenkel, Venen
Organsystem:
Drüsensystem

Wassermann
abnehmender Mond

Samstag

15

APRIL

Element:
Luft
Tagesqualität:
Licht
Nahrungsqualität:
Fett
Pflanzenteil:
Blüte
Körperzone:
Unterschenkel, Venen
Organsystem:
Drüsensystem

Wassermann
abnehmender Mond

Vom Auf und Ab der Organe im Tageslauf. Von fünf bis sieben Uhr morgens arbeitet der Dickdarm auf Hochtouren. Etwa zwei Stunden lang hält sich die Nahrung im Dünndarm auf, dagegen etwa 20 Stunden im Dickdarm. Durchfall lässt auf Verdauungsprobleme im Dünndarm schließen, während Verstopfung auf eine zu lange Eindickzeit hindeutet. Gerade zwischen fünf und sieben Uhr morgens könnte man die entgiftende Arbeit des Dickdarms gut unterstützen, wenn man ein Glas lauwarmes Wasser trinkt oder mit getrockneten Früchten nachhilft.

Sonntag

16

APRIL

Einfach zum Nachdenken

Jeder Tag und seine lebendige Gestaltung
muss eine bewusste Schöpfung sein,
in der sich Disziplin und Ordnung
durch Spiel und reine Torheit entlastet finden.

May Sarton

Fische
abnehmender Mond

Element:
Wasser
Tagesqualität:
Feuchte
Nahrungsqualität:
Kohlenhydrate
Pflanzenteil:
Blatt
Körperzone:
Füße, Zehen
Organsystem:
Nervensystem

Element:
Wasser
Tagesqualität:
Feuchte
Nahrungsqualität:
Kohlenhydrate
Pflanzenteil:
Blatt
Körperzone:
Füße, Zehen
Organsystem:
Nervensystem

Montag

17

APRIL

Umwelt und Klima – gesunder Menschenverstand und Mondkalender helfen mit. Waschen Sie Wäsche nur bei abnehmendem Mond, zumindest aber erledigen Sie den Hauptteil in dieser Phase. Im besten Fall erwischen Sie einen Wassertag (Krebs, Skorpion, Fische). Die Wäsche wird sauberer, Sie brauchen viel weniger Waschmittel, es bleibt weniger davon in der Wäsche zurück (was allergischen Reaktionen vorbeugt). Wir selbst verwenden weniger als die Hälfte der empfohlenen Mengen, und auch mit dem Verkalken der Waschmaschine haben wir keine Probleme. Bei abnehmendem Mond baut sich zudem das Spülwasser leichter ab. Insgesamt also ein großer Beitrag zum Umweltschutz.

Fische
abnehmender Mond

Moon Power für Garten, Feld und Wald. Im April sollten wir einige Worte über Schnecken verlieren. Ein bewährtes Mittel gegen die Tiere sind die Schalen roher Eier, die Sie ab sofort sammeln sollten. Zerstampfen Sie die Schalen bei abnehmendem Mond. (Bei zunehmendem Mond zerdrückt würden sie nicht scharfkantig genug und lassen sich nicht voneinander trennen. Die Eihaut ist dann nicht spröde, sondern eher elastisch und reißt nicht so gut.) Bei Skorpion im zunehmenden Mond (also etwa am 5. Mai) streuen Sie die zersplitterten Schalen um die Beete herum, die Sie schützen wollen, etwa Ihre Salatbeete. *(Lesen Sie morgen weiter)*

Dienstag

18

APRIL

Element:
Wasser
Tagesqualität:
Feuchte
Nahrungsqualität:
Kohlenhydrate
Pflanzenteil:
Blatt
Körperzone:
Füße, Zehen
Organsystem:
Nervensystem

Fische
abnehmender Mond

Mittwoch

19

APRIL

Element:
Feuer
Tagesqualität:
Wärme
Nahrungsqualität:
Eiweiß, Frucht
Pflanzenteil:
Frucht
Körperzone:
Kopfbereich bis Oberkiefer
Organsystem:
Sinnesorgane

Widder
abnehmender Mond

(Fortsetzung von gestern) Der zunehmende Mond beim Ausstreuen ist ganz wichtig, weil sonst die Schalen bei abnehmendem Mond nach dem ersten Regen im Erdboden verschwinden. Diese Methode hat einen klaren Vorteil: Chemische Schneckenvertilgungsmittel vergiften Magen und Körper der Menschen, die Ihren Salat und Ihr Gemüse essen – sei es direkt durch die Gifte oder durch die Veränderungen, die das »geschützte« Gemüse im Wachstumsprozess durchmacht.

Donnerstag

20

APRIL

Einfach zum Nachdenken, an einem der besten Tage im Jahr für einen Neubeginn:

Nichts wird die Evolution des Menschen
und die Überlebenschancen aller Lebensformen
auf dieser Welt so sehr fördern
wie das Fortschreiten zur vegetarischen Ernährung.

Albert Einstein

05.11

Widder
Neumond

Element:
Feuer
Tagesqualität:
Wärme
Nahrungsqualität:
Eiweiß, Frucht
Pflanzenteil:
Frucht
Körperzone:
Kopfbereich bis Oberkiefer
Organsystem:
Sinnesorgane

Element:
Erde
Tagesqualität:
Kälte
Nahrungsqualität:
Salz
Pflanzenteil:
Wurzel
Körperzone:
Unterkiefer, Halsregion
Organsystem:
Kreislauf

Freitag 21 APRIL

Fit zum richtigen Zeitpunkt – an Stiertagen. Für diese sehr wirksame Übung brauchen Sie ein Hilfsmittel, nämlich ein kleines, zusammengerolltes Handtuch. Es sollte gerade so dick sein, dass es den Hohlraum gut ausfüllt, den Ihr Hals zum Boden bildet, wenn Sie auf dem Rücken liegen. Legen Sie sich also auf den Rücken und schieben Sie die kleine Nackenrolle zwischen Hals und Boden. Drücken Sie nun mit dem Hals sanft gegen den Boden, als ob Sie ihn wegdrücken und ein möglichst ausgeprägtes Doppelkinn entwickeln wollten. *(Lesen Sie morgen weiter)*

Stier
zunehmender Mond

Samstag 22 APRIL

(Fortsetzung von gestern) Heben Sie dabei nicht die Hüfte, verzichten Sie auf jede Ausgleichsbewegung im Körper. Atmen Sie zuerst durch die Nase ein und dann, während Sie auf den Boden drücken, durch den Mund aus. Die Dauer der Übung richtet sich wieder nach Ihrem Gefühl, ansonsten aber ist dreimal sieben Sekunden lang optimal.

Element:
Erde
Tagesqualität:
Kälte
Nahrungsqualität:
Salz
Pflanzenteil:
Wurzel
Körperzone:
Unterkiefer, Halsregion
Organsystem:
Kreislauf

Stier
zunehmender Mond

Sonntag

23

APRIL

Welttag des Buches

Element:
Luft
Tagesqualität:
Licht
Nahrungsqualität:
Fett
Pflanzenteil:
Blüte
Körperzone:
Schultern, Arme, Hände
Organsystem:
Drüsensystem

Zwillinge
zunehmender Mond

Einfach zum Nachdenken

Ich glaube nicht, dass ich jemals
die Stufe erreiche:
»Das ist es, was ich glaube, und basta!«
Was ich glaube, ist lebendig und offen für Wachstum.

Madeleine L'Engle

Montag

24

APRIL

Gemüse zum richtigen Zeitpunkt: Erbsen. * Säen bei zunehmendem Mond, am besten an einem Fruchttag. * Ernten zum sofortigen Verbrauch: nach Bedarf. * Ernten zum Lagern, etwa zum Einfrieren: an einem Fruchttag. Wenn Sie gute Nerven brauchen, machen Sie einen Bogen um die Apotheke und zaubern Sie lieber ein Erbsengericht auf den Tisch. Kaum ein Gemüse enthält mehr Vitamin B_1. Erbsen sind auch stark beteiligt an Muskelaufbau, Zellstoffwechsel und geistiger Frische. Sie kräftigen das Bindegewebe, sorgen für schöne Haare, und das alles ganz rezeptfrei. Wenn Ihre Kinder Erbsen nicht mögen, mischen Sie einfach Reis dazu.

Zwillinge
zunehmender Mond

Element:
Luft
Tagesqualität:
Licht
Nahrungsqualität:
Fett
Pflanzenteil:
Blüte
Körperzone:
Schultern, Arme, Hände
Organsystem:
Drüsensystem

Element:
Wasser
Tagesqualität:
Feuchte
Nahrungsqualität:
Kohlenhydrate
Pflanzenteil:
Blatt
Körperzone:
Brustbereich, Lunge
Organsystem:
Nervensystem

Dienstag 25 APRIL

Moon Power für Garten, Feld und Wald. Heute wäre ein guter Tag, um Hecken und Stauden nachzuschneiden, aber auch jene grünen Blattkissen, die sich über Wiesen, Mauern und Steine legen sollen, etwa Efeu oder wilder Wein. Für das Setzen und Säen von Pflanzen und Stauden, die in die Höhe wachsen sollen, ist dagegen dieser Tag besonders ungünstig. Mit anderen Worten: Schneiden Sie heute alles zurück, was dicht und breit wuchern soll. Auch wäre es heute sinnvoll, Blattgemüse zu setzen oder zu säen. Nicht jedoch Kopfsalat, dafür sollten Sie auf den abnehmenden Mond warten, denn heute könnte er schießen.

Krebs
zunehmender Mond

Mittwoch 26 APRIL

Der Mondkalender hilft, Zeit und Geld zu sparen. Brunnenwasser zu fassen ist eine der interessantesten und heikelsten Tätigkeiten in freier Natur. Ihr Zeitpunkt im Mondrhythmus ist von absolut entscheidender Bedeutung für den Erfolg. Am falschen Tag wird das Wasser über kurz oder lang völlig verschwinden, obwohl es vielleicht schon jahrzehntelang an derselben Stelle aus der Erde getreten war. Es sucht sich einen anderen Weg. »Jemandem das Wasser abgraben« – diese Redewendung hat ihren völlig realen Sinn. Zum falschen Zeitpunkt genügen einige Spatenstiche in der Nähe einer Quelle, um sie zum Versiegen zu bringen. *(Lesen Sie morgen weiter)*

Element:
Wasser
Tagesqualität:
Feuchte
Nahrungsqualität:
Kohlenhydrate
Pflanzenteil:
Blatt
Körperzone:
Brustbereich, Lunge
Organsystem:
Nervensystem

Krebs
zunehmender Mond

Donnerstag

27

APRIL

Element:
Wasser
Tagesqualität:
Feuchte
Nahrungsqualität:
Kohlenhydrate
Pflanzenteil:
Blatt
Körperzone:
Brustbereich, Lunge
Organsystem:
Nervensystem

Krebs
zunehmender Mond

(Fortsetzung von gestern) Natürliche Quellen lassen sich nicht einfach in menschengemachte Bahnen lenken. Der Mond muss bei dieser Arbeit unbedingt zunehmen, gleichzeitig sollte er in einem Wasserzeichen stehen (am besten Fische, aber auch Krebs). Jede Form der Trockenlegung oder -haltung ist an diesem Tag erfolgversprechender (Drainagieren usw). Die moderne »Flurbereinigung« und »Gewässerregulierung« hat hier viel Schaden angerichtet, Grundwasserspiegel verändert usw. Wasser darf nicht einfach der Natur entrissen oder verdrängt werden. Es braucht seinen Raum. Wie alles in der Natur dürfen wir es gebrauchen, aber nicht missbrauchen oder zerstören.

Freitag

28

APRIL

Der Mondkalender hilft, Zeit und Geld zu sparen. Wer einen frischen Rasen anlegen möchte, sollte sich heute und morgen den passenden »richtigen Zeitpunkt« nicht entgehen lassen. Streuen Sie die Heublumen oder den Rasensamen Ihrer Wahl auf den Humus, rechen Sie ihn ein und walzen Sie leicht darüber. Lassen Sie den Boden nicht austrocknen, bis die Gräser aufgehen. Danach nur noch an Krebs, Skorpion oder Fische gießen. Später dann überhaupt nicht mehr. Viel besser ist es, während einer Trockenheit das Gras einmal braun werden zu lassen, statt es pausenlos mit bestem Trinkwasser zu gießen. Sie schwächen damit das Gras – und auch sich selbst durch die Verschwendung von Wasser.

Löwe
zunehmender Mond

Element:
Feuer
Tagesqualität:
Wärme
Nahrungsqualität:
Eiweiß, Frucht
Pflanzenteil:
Frucht
Körperzone:
Herzregion, Kreislauf
Organsystem:
Sinnesorgane

Element:
Feuer
Tagesqualität:
Wärme
Nahrungsqualität:
Eiweiß, Frucht
Pflanzenteil:
Frucht
Körperzone:
Herzregion, Kreislauf
Organsystem:
Sinnesorgane

Samstag 29 APRIL

Löwe
zunehmender Mond

Fit zum richtigen Zeitpunkt – an Löwetagen. Streichen Sie sanft mit Zeige- und Mittelfinger den Herz-Meridian der jeweils anderen Hand hinauf. Der Meridian beginnt an der Innenseite des kleinen Fingers, wandert über die Innenseite von Unter- und Oberarm bis zur Achselhöhle. Atmen Sie langsam aus, während Sie den Meridian verfolgen. Atmen Sie sehr langsam ein, bevor Sie ein weiteres Mal den Arm hinaufwandern. Die Übung machen Sie, so oft Sie wollen, bis das Gefühl Ihnen sagt: Genug. Meiden Sie heute generell übertriebene Herz- und Kreislaufbelastungen!

Sonntag 30 APRIL

Einfach zum Nachdenken

Gute Manieren sind die sensible Wahrnehmung der Gefühle anderer. Wenn du diese Wahrnehmung besitzt, hast du gute Manieren, egal welche Gabel du benutzt.

Emily Post

Element:
Erde
Tagesqualität:
Kälte
Nahrungsqualität:
Salz
Pflanzenteil:
Wurzel
Körperzone:
Verdauungsorgane
Organsystem:
Kreislauf

Jungfrau
zunehmender Mond

Montag

1

MAI

Maifeiertag

Element:
Erde
Tagesqualität:
Kälte
Nahrungsqualität:
Salz
Pflanzenteil:
Wurzel
Körperzone:
Verdauungsorgane
Organsystem:
Kreislauf

Jungfrau
zunehmender Mond

Einfach zum Nachdenken

Welche Regierung die beste sei?
Diejenige, die uns lehrt, uns selbst zu regieren.

Johann Wolfgang von Goethe

Dienstag

2

MAI

Praktisches und Philosophisches rund um die Ernährung – Was tun, wenn man auf Kantinenessen angewiesen ist? Kantinenkost ist heute glücklicherweise vielfältiger als vor 50 Jahren. Wenn Sie aber fühlen, dass Sie nach dem Mittagessen immer erst einmal müde sind oder einen Blähbauch bekommen, dann sollten Sie von zu Hause etwas Gutes mitbringen und abends etwas Feines und Leichtverdauliches kochen. Fast alle Rezepte aus unserem Buch *Alpha-Omega-Formel* sind so gewählt, dass man sie auch kalt essen kann. Besorgen Sie sich gut verschließbare Gefäße, genießen Sie zimmerwarm. Schmeckt auch!

Jungfrau
zunehmender Mond

Element:
Erde
Tagesqualität:
Kälte
Nahrungsqualität:
Salz
Pflanzenteil:
Wurzel
Körperzone:
Verdauungsorgane
Organsystem:
Kreislauf

Mittwoch

3

MAI

Element:
Luft
Tagesqualität:
Licht
Nahrungsqualität:
Fett
Pflanzenteil:
Blüte
Körperzone:
Hüfte, Nieren, Blase
Organsystem:
Drüsensystem

Waage
zunehmender Mond

Gemüse zum richtigen Zeitpunkt: Kartoffeln. * Setzen bei abnehmendem Mond an Fruchttagen (Widder, Löwe, Schütze) bald nach Vollmond oder drei Tage nach Vollmond, wenn gerade Fische herrscht (kommt selten vor). * Erstes Anhäufeln bei abnehmendem Mond an einem Fruchttag. * Zweites Anhäufeln bei zunehmendem Mond, ebenfalls an einem Fruchttag. * Ernten bei abnehmendem Mond an einem Fruchttag, zum sofortigen Verbrauch und zum Einlagern. * Bei keinem Gemüse wäre es so wichtig, auf Bio-Qualität zu achten. Kartoffeln mit grünen Stellen sollten Sie wegwerfen, die grünen Stellen mit ihrem hohen Giftgehalt auszuschneiden ist oft zu wenig. *(Lesen Sie morgen weiter)*

Donnerstag

4

MAI

(Fortsetzung von gestern) Verwenden Sie beim Kartoffelkochen nur wenig Wasser und erst hinterher Salz, dann bleiben all die guten Dinge in der Kartoffel optimal erhalten. Wenn das Kartoffelkraut dürr wird, können Sie sich ans Ernten machen. Mit einer Grabegabel (Erntegabel) an den Kartoffelzeilen entlang seitlich tief abstechen (graben) und vorsichtig ausheben, damit die Gesellen nicht gespalten werden. Zum Trocknen einige Zeit liegen lassen und dann erst aufsammeln.

Element:
Luft
Tagesqualität:
Licht
Nahrungsqualität:
Fett
Pflanzenteil:
Blüte
Körperzone:
Hüfte, Nieren, Blase
Organsystem:
Drüsensystem

Waage
zunehmender Mond

Freitag

5

MAI

Element:
Wasser
Tagesqualität:
Feuchte
Nahrungsqualität:
Kohlenhydrate
Pflanzenteil:
Blatt
Körperzone:
Geschlechtsorgane
Organsystem:
Nervensystem

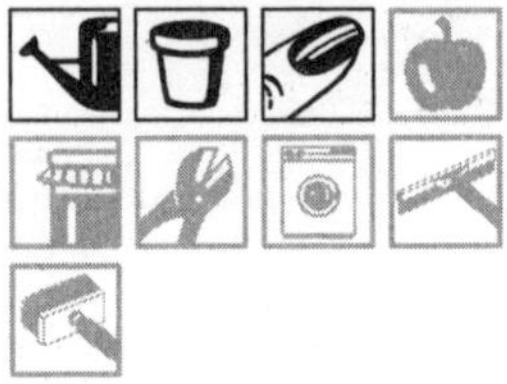

18.34

Skorpion
Vollmond

Der besondere Tipp. Unsere Bücher über das »Tiroler Zahlenrad« machen mit der besonderen Kraft der Zahlen des Geburtsdatums vertraut. Aber auch das aktuelle Kalenderdatum wirkt auf uns. Bei zwei Fünfern etwa wie heute fällt es leichter, zu innerer Ruhe zu finden und sinnvoller über langfristige Ziele nachzudenken. Heute könnte man erfolgreich beginnen, was sehr lange dauern wird, bis sich der Erfolg abzeichnet. Wer ohnehin schon eine Fünf und/oder eine Null in seinem Geburtsdatum trägt, könnte allerdings von der speziellen Energie dieses Tages gebremst werden, sich aufzuraffen zu den Pflichten des Alltags.

Samstag

6

MAI

Fit zum richtigen Zeitpunkt – an Skorpiontagen. Legen Sie sich auf den Rücken und stellen Sie die Beine auf. Legen Sie die Hände außen an die angezogenen Knie und drücken Sie sie nach innen, wobei die Beine so viel Widerstand leisten, dass sich »nichts rührt«. Einfach sanfte bis mittelstarke Spannung erzeugen. Zählen Sie dabei im Ausatmen bis sieben. Lassen Sie los, atmen Sie ein und legen Sie nun die Hände über Kreuz auf die Innenseite der Knie. Versuchen Sie, im Ausatmen die Knie nach außen zu drücken, wobei die Beine wieder stehenbleiben und Widerstand leisten. Zählen Sie dabei wieder bis sieben. Diese Übung machen Sie dreimal und genießen dann das gute Gefühl, das sie hinterlässt.

Skorpion
abnehmender Mond

Element:
Wasser
Tagesqualität:
Feuchte
Nahrungsqualität:
Kohlenhydrate
Pflanzenteil:
Blatt
Körperzone:
Geschlechtsorgane
Organsystem:
Nervensystem

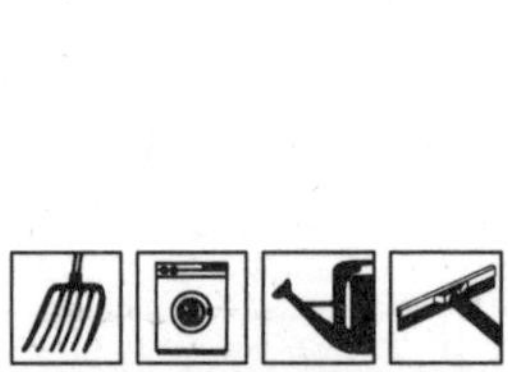

Element:
Feuer
Tagesqualität:
Wärme
Nahrungsqualität:
Eiweiß, Frucht
Pflanzenteil:
Frucht
Körperzone:
Oberschenkel, Venen
Organsystem:
Sinnesorgane

Sonntag

7

MAI

Einfach zum Nachdenken

Das ist es, was Lernen bedeutet:
Plötzlich verstehst du etwas,
was du schon immer gewusst hast,
aber in einer neuen Weise.

Doris Lessing

Schütze
abnehmender Mond

Gesund bleiben, gesund werden. Der Eiweißtag Schütze lässt uns wieder die Empfehlung aussprechen: Steigen Sie um auf bio! Würden Leber und Nieren jedes Mal Alarm schlagen und ihre Schwerstarbeit durch Schmerzen kundtun, während Sie heutige »Normalkost« verdauen, dann sähe unsere Landschaft anders aus. Wir wären niemals auf die Idee gekommen, tierisches Eiweiß in Form von Fleisch, Eiern und Milchprodukten in unseren Speisezettel aufzunehmen. Das glauben Sie nicht? Ernähren Sie sich einmal nur eine oder zwei Wochen lang von guten, biologischen Dingen ohne tierisches Eiweiß. Die Erfahrung wird Ihnen den Weg weisen.

Montag

8

MAI

Element:
Feuer
Tagesqualität:
Wärme
Nahrungsqualität:
Eiweiß, Frucht
Pflanzenteil:
Frucht
Körperzone:
Oberschenkel, Venen
Organsystem:
Sinnesorgane

Schütze
abnehmender Mond

Dienstag

9

MAI

Element:
Feuer
Tagesqualität:
Wärme
Nahrungsqualität:
Eiweiß, Frucht
Pflanzenteil:
Frucht
Körperzone:
Oberschenkel, Venen
Organsystem:
Sinnesorgane

Schütze
abnehmender Mond

Vom Auf und Ab der Organe im Tageslauf. Der Magen arbeitet von sieben bis neun Uhr morgens auf Hochtouren und ist bereit für Energienachschub. Aber welche Energien? Womit beginnt bei Ihnen der Tag? Mit einem ausgewogenen Müslifrühstück, mit Vollwertkost und Kräutertee? Die Antwort ist letztlich weniger wichtig als die Frage, ob Sie Ihren Tag so beginnen, dass er Sie mit Schwung und Optimismus in den Tag entlässt. Und darüber entscheidet nicht die Zusammensetzung Ihres Frühstücks, sondern das Gefühl, mit dem Sie das Bett verlassen. Sie haben die Wahl!

Mittwoch

10

MAI

Gesund bleiben, gesund werden. Steinbocktage haben wie immer einen besonderen Einfluss auf unser Blutsystem. Zum Beispiel hat ein Zuviel an herkömmlichem, hochreinem Salz in der Ernährung an diesen Tagen eine belastendere Wirkung als sonst. Steigen Sie sicherheitshalber auf Steinsalz um, das körperfreundlicher wirkt. (Auch Tiere werden durch »normales« Salz krank!) Ihr Bio-Laden berät Sie. Und nicht vergessen: Trinken Sie an Steinbocktagen immer blutbildende Säfte (alle roten Säfte), sie haben dann eine sehr gute Wirkung, auch wenn gerade keine frischen Säfte verfügbar sind.

Element:
Erde
Tagesqualität:
Kälte
Nahrungsqualität:
Salz
Pflanzenteil:
Wurzel
Körperzone:
Knie, Knochen, Haut
Organsystem:
Kreislauf

Steinbock
abnehmender Mond

Donnerstag

11

MAI

Element:
Erde
Tagesqualität:
Kälte
Nahrungsqualität:
Salz
Pflanzenteil:
Wurzel
Körperzone:
Knie, Knochen, Haut
Organsystem:
Kreislauf

Steinbock
abnehmender Mond

Tipps für die Ernährung, wie sie für uns gedacht ist – aus unserem neuen Buch *Alpha-Omega-Formel*. Die pauschale Empfehlung, mehrere kleine Mahlzeiten über den Tag zu verteilen, ist blanker Unsinn und für Alpha-Typen langfristig schädlich. Beim Alpha-Typ ist die Verdauung noch friedlich beschäftigt, da belastet ihn schon die nächste Ladung. Man kann gar kein gesundes Hungergefühl entwickeln. Echter Hunger wäre so wichtig, weil er ein klares Signal birgt, nämlich die Information, *worauf* der Körper hungrig ist! Wer keinen Hunger mehr aufkommen lässt, erfährt nie, was er braucht und was nicht. *(Lesen Sie morgen weiter)*

Freitag

12

MAI

(Fortsetzung von gestern) Es gibt viele Menschen, die vertragen es problemlos, mehrere kleine Mahlzeiten über den Tag zu verteilen, und haben dabei auch tatsächlich echten Hunger. Die Banane oder die Honigsemmel zwischendurch machen ihnen nichts aus. Wenn Sie sich darin wiedererkennen, sind Sie wahrscheinlich ein Omega-Typ. Ausnahme: Wenn Sie gleichzeitig mit Übergewicht kämpfen, haben Sie vielleicht nur eine Gewohnheit entwickelt, die Ihnen schadet. Wenn Sie dagegen mit ein oder zwei größeren Mahlzeiten am Tag klarkommen, ist die Wahrscheinlichkeit groß, dass Sie ein Alpha-Typ sind.

Element:
Luft
Tagesqualität:
Licht
Nahrungsqualität:
Fett
Pflanzenteil:
Blüte
Körperzone:
Unterschenkel, Venen
Organsystem:
Drüsensystem

Wassermann
abnehmender Mond

Samstag

13

MAI

Element:
Luft
Tagesqualität:
Licht
Nahrungsqualität:
Fett
Pflanzenteil:
Blüte
Körperzone:
Unterschenkel, Venen
Organsystem:
Drüsensystem

Wassermann
abnehmender Mond

Moon Power für Garten, Feld und Wald. So allmählich gibt es im Garten immer mehr zu tun. Nach dem Aussäen folgt das Pikieren als eine der wichtigsten und heikelsten Arbeiten. Manchmal ist die Enttäuschung groß, wenn die Pflänzchen schon nach einigen Stunden den Kopf hängen lassen oder gar umfallen, trotz aller Sorgfalt. Wassermann ist für diese Tätigkeit ein gefährlicher Tag. Verschieben Sie das Pikieren, es wäre schade um Ihre Aussaat. Unkraut allerdings könnten Sie heute aufhacken und liegen lassen. Es verwelkt und arbeitet sich in den Boden ein. Vorsicht, die Kulturpflanzen nicht berühren!

Sonntag

14

MAI
Muttertag

Einfach zum Nachdenken

Als Kind gehörte ich nirgends hin, und das hat mich immer belastet. Wenn ich nur damals schon gewusst hätte, dass mein Anderssein eines Tages mein Kapital sein würde, dann wäre meine Kindheit einfacher gewesen.

Bette Midler

Fische
abnehmender Mond

Element:
Wasser
Tagesqualität:
Feuchte
Nahrungsqualität:
Kohlenhydrate
Pflanzenteil:
Blatt
Körperzone:
Füße, Zehen
Organsystem:
Nervensystem

Montag

15

MAI

Element:
Wasser
Tagesqualität:
Feuchte
Nahrungsqualität:
Kohlenhydrate
Pflanzenteil:
Blatt
Körperzone:
Füße, Zehen
Organsystem:
Nervensystem

Praktisches und Philosophisches rund um die Ernährung – Thema Intervallfasten. Etwa 16 Stunden lang nichts essen, dann ist es acht Stunden lang erlaubt. Das kann sehr gut funktionieren – *wenn* es funktioniert! Und das tut es meistens bei Alpha-Typen! Für sie bedeutet es eine gute Möglichkeit, den Körper von kranken Zellen zu befreien und auch noch abzunehmen. Leider gehen viele Leute mit den acht Stunden »Ess-Erlaubnis« nicht richtig um. Wenn sie dann in sich hineinstopfen, wozu sie gerade Lust haben, schadet es dem Körper. Er braucht dann nicht nur die nächsten 16 Stunden, um sich von der Attacke zu erholen, sondern der Stoffwechsel ist als Ganzes irritiert. *(Lesen Sie morgen weiter)*

Fische
abnehmender Mond

Dienstag

16

MAI

(Fortsetzung von gestern) Wenn man aber in den acht Stunden vernünftig isst (nach dem Ernährungstyp), dann kann das Intervallfasten ein wahrer Segen sein. Für Omega-Typen ist es vom Prinzip her weniger geeignet, aber bei einer chronischen Krankheit kann es vorübergehend beim Entgiften mithelfen. Alpha-Typen sollten ohnehin über längere Zeit *nichts* essen, damit ihr Stoffwechsel fit bleibt. Sie wissen ja: Omega-Typen haben eine andere Verdauung und sind mit längeren Essenspausen überfordert, ihr Stoffwechsel fängt an zu streiken.

Element:
Feuer
Tagesqualität:
Wärme
Nahrungsqualität:
Eiweiß, Frucht
Pflanzenteil:
Frucht
Körperzone:
Kopfbereich bis Oberkiefer
Organsystem:
Sinnesorgane

Widder
abnehmender Mond

Mittwoch

17

MAI

Element:
Feuer
Tagesqualität:
Wärme
Nahrungsqualität:
Eiweiß, Frucht
Pflanzenteil:
Frucht
Körperzone:
Kopfbereich bis Oberkiefer
Organsystem:
Sinnesorgane

Widder
abnehmender Mond

Gemüse zum richtigen Zeitpunkt: Rote Bete. * Setzen bei abnehmendem Mond an Fruchttagen (Widder, Löwe, Schütze). * Ernten bei abnehmendem Mond an einem Fruchttag (Widder, Löwe, Schütze). An Wurzeltagen schmecken sie etwas erdiger. * Ernten zum Lagern bei abnehmendem Mond an Stier oder ebenfalls an einem Fruchttag. * Kaum ein Gemüse ist so sehr darauf spezialisiert, Giftstoffe aus dem Gehirn abzutransportieren. Sie reparieren sogar Zellkerne und fördern das Zellwachstum. Gefäßwände erfahren Stärkung, Knochen werden gekräftigt, Bindegewebe aufgebaut, rote Blutkörperchen aktiviert und die Haut gefestigt. Mit Rote Bete lässt sich eine regelrechte Verjüngungskur machen!

Donnerstag

18

MAI

Christi Himmelfahrt

Einfach zum Nachdenken

Das Leben ist einfacher, als du glaubst:
Du musst nur das Unmögliche akzeptieren,
auf das Unentbehrliche verzichten
und das Unerträgliche ertragen.

Kathleen Norris

Stier
abnehmender Mond

Element:
Erde
Tagesqualität:
Kälte
Nahrungsqualität:
Salz
Pflanzenteil:
Wurzel
Körperzone:
Unterkiefer, Halsregion
Organsystem:
Kreislauf

Element:
Erde
Tagesqualität:
Kälte
Nahrungsqualität:
Salz
Pflanzenteil:
Wurzel
Körperzone:
Unterkiefer, Halsregion
Organsystem:
Kreislauf

Freitag

19

MAI

16.52

Stier
Neumond

Rezepte aus unserem neuen Buch *Alpha-Omega-Formel* – Paprika-Süßkartoffel-Curry. Was Sie brauchen: 2 Zwiebeln, fein gewürfelt * 2 Knoblauchzehen, gepresst * etwa 550 g Süßkartoffeln, geschält und in 2 x 2 cm große Würfel geschnitten * 1 rote und 2 gelbe Paprikaschoten, gewürfelt * 1 TL Paprikapulver, edelsüß * 2 TL Currypulver * 1 TL Kreuzkümmel, gemahlen * 1/2 TL Cayennepfeffer * 1 TL Zucker * 2 Dosen gewürfelte Tomaten (à 400 g) * 250 ml Gemüsebrühe * 30 g Cashewkerne, grob gehackt * 200 g Pak Choi (oder knackiger Salat), in Stücke geschnitten. Stängelteile von den Blättern trennen, sie kommen zuerst in den Topf * Salz, Pfeffer *(Lesen Sie morgen weiter)*

Samstag

20

MAI

(Fortsetzung von gestern) **Und so geht's:** Öl in einem Topf erhitzen. Zwiebeln und Knoblauch darin andünsten. Süßkartoffel- und Paprikawürfel zufügen, 3–4 Minuten braten. Paprika- und Currypulver zufügen, anschwitzen. Mit Kreuzkümmel, Cayennepfeffer und Zucker würzen. Mit Tomatenstücken und Brühe ablöschen, aufkochen lassen. Zugedeckt etwa 12 Minuten köcheln. Gehackte Cashewkerne in einer kleinen Pfanne ohne Fett goldbraun rösten. Pak Choi unterheben. Zugedeckt noch 3–4 Minuten garen. Abschmecken. Geröstete Cashewkerne darüberstreuen. Dazu passen Reis, Quinoa, Naan-Brot, Couscous etc.

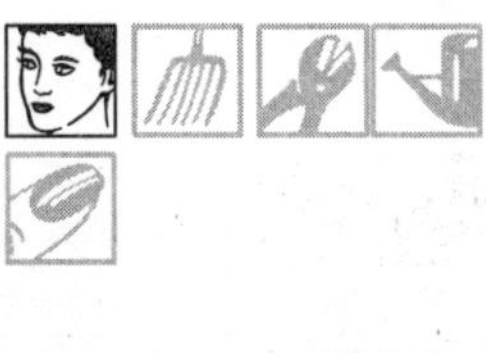

Element:
Luft
Tagesqualität:
Licht
Nahrungsqualität:
Fett
Pflanzenteil:
Blüte
Körperzone:
Schultern, Arme, Hände
Organsystem:
Drüsensystem

Zwillinge
zunehmender Mond

Sonntag

21

MAI

Element:
Luft
Tagesqualität:
Licht
Nahrungsqualität:
Fett
Pflanzenteil:
Blüte
Körperzone:
Schultern, Arme, Hände
Organsystem:
Drüsensystem

Zwillinge
zunehmender Mond

Einfach zum Nachdenken. Ein Kind fragt selten oder nie bei der Erzählung von etwas Gutem, das einem Menschen widerfährt: »Warum?« Bei dem Bösen aber, was ein anderer einem Menschen zufügt, immer. Zeigt das nicht, dass Gutes erweisen Natur, Böses erweisen eine Anomalie der Natur ist? Zum Guten zwingen ist der unheiligste Zwang, den man der Menschheit antun kann. Tragt die kleinen Schwächen derer, die mit euch wandeln, mit Geduld und Ruhe. Liegen sie unter der Erde, dann scheinen es nur Fliegenflecke auf einem guten Gemälde.

Caroline von Wolzogen

Montag

22

MAI

Gesund bleiben, gesund werden. Wenn Hände einmal ohne erkennbaren Grund schmerzen, dann hilft das Auflegen frisch zerstampfter Beinwell-Blätter. Beinwell besitzt ein raues Blattwerk mit lila bis violetter Blüte und wächst an kargen Plätzen. Ab etwa Juni/Juli steht die Pflanze in Blüte, ihre Heilkraft lässt dann langsam nach. Ab Herbst sollte man nur noch die Wurzel ausgraben, wenn man Salben oder Tinkturen herstellen will. Über den Umgang mit Kräutern, Sammelzeitpunkte usw. informiert unser Buch *Der lebendige Garten* ausführlich.

Zwillinge
zunehmender Mond

Element:
Luft
Tagesqualität:
Licht
Nahrungsqualität:
Fett
Pflanzenteil:
Blüte
Körperzone:
Schultern, Arme, Hände
Organsystem:
Drüsensystem

Element:
Wasser
Tagesqualität:
Feuchte
Nahrungsqualität:
Kohlenhydrate
Pflanzenteil:
Blatt
Körperzone:
Brustbereich, Lunge
Organsystem:
Nervensystem

Dienstag 23 MAI

Krebs
zunehmender Mond

Humor ist gute Medizin. Der englische Schriftsteller William Somerset Maugham war sauer auf seinen Verleger, weil sein erstes Buch sich nicht verkaufte und der Verlag kein Geld für Werbung ausgeben wollte. Daraufhin gab Maugham in mehreren Londoner Tageszeitungen eine Heiratsanzeige auf. Sie lautete: »Junger Millionär, Sport liebend, kultiviert, musikalisch, verträglicher, einnehmender Charakter, wünscht ein junges hübsches Mädchen zu heiraten, das in jeder Hinsicht der Heldin des Romans von W. S. Maugham gleicht.« Nur einige Tage nachdem die Anzeigen erschienen waren, war die erste Auflage des Romans vergriffen.

Mittwoch 24 MAI

Humor ist gute Medizin. Eines Abends ging Richard Wagner im italienischen Sorrent spazieren. Einer der Drehorgelspieler erkannte ihn und spielte umgehend ein Stück aus »Lohengrin«, jedoch so schnell, dass das Stück kaum noch zu erkennen war. Zornig stürmte Wagner auf ihn zu, packte selbst die Drehorgel und drehte sie so langsam und bedächtig, dass das Lied im richtigen Tempo erklang. Dann gab er dem Spieler ein Trinkgeld mit der Weisung, immer in diesem Tempo zu spielen. Am nächsten Morgen war an der Drehorgel ein Schild befestigt, auf dem zu lesen war: »Schüler von Richard Wagner«.

Element:
Wasser
Tagesqualität:
Feuchte
Nahrungsqualität:
Kohlenhydrate
Pflanzenteil:
Blatt
Körperzone:
Brustbereich, Lunge
Organsystem:
Nervensystem

Krebs
zunehmender Mond

Donnerstag

25

MAI

Element:
Feuer
Tagesqualität:
Wärme
Nahrungsqualität:
Eiweiß, Frucht
Pflanzenteil:
Frucht
Körperzone:
Herzregion, Kreislauf
Organsystem:
Sinnesorgane

Löwe
zunehmender Mond

Praktisches und Philosophisches rund um die Ernährung – Einladung bei Freunden, die ungesund kochen. Unser Tipp: Einfach schon satt ankommen. Spaß beiseite: Einfach essen, was Ihnen schmeckt und angeboten wird. Ausnahmen von der Alpha-Omega-Formel halten den Körper auf Trab, und kleine »Sünden« sind allezeit erlaubt, vorausgesetzt, Ausnahmen kommen nicht häufiger vor als die gesunde Regel. Entscheiden Sie in Ruhe von Fall zu Fall und tragen Sie niemandem etwas nach, der in seinen Gewohnheiten erstarrt ist. Also: Niemals beleidigen, niemals herabschauen. Es wird beim Besuch bei Freunden immer etwas dabei sein, was zu Ihnen passt.

Freitag

26

MAI

Gemüse zum richtigen Zeitpunkt: Bohnen. * Säen und Setzen bei zunehmendem Mond, ideal an Fruchttagen (Widder, Löwe, Schütze). * Ernten zu jeder Zeit nach der Reife. Schnittbohnen früher, ausgereifte Hülsen später. * Ernten zum Lagern bei abnehmendem Mond an Fruchttagen oder in der Zeit zwischen Zwillinge und Schütze (absteigender Mond), jedoch nie an Fische. Erbsen, Bohnen, Linsen und ihre Verwandtschaft sind Träger von wertvollstem pflanzlichen Eiweiß, wertvoller und viel besser verdaulich als das Eiweiß tierischer Herkunft. Wir schildern die Zusammenhänge ausführlich in unserem Buch *Alpha-Omega-Formel*. *(Lesen Sie morgen weiter)*

Löwe
zunehmender Mond

Element:
Feuer
Tagesqualität:
Wärme
Nahrungsqualität:
Eiweiß, Frucht
Pflanzenteil:
Frucht
Körperzone:
Herzregion, Kreislauf
Organsystem:
Sinnesorgane

Element:
Feuer
Tagesqualität:
Wärme
Nahrungsqualität:
Eiweiß, Frucht
Pflanzenteil:
Frucht
Körperzone:
Herzregion, Kreislauf
Organsystem:
Sinnesorgane

Samstag

27

MAI

Löwe
zunehmender Mond

(Fortsetzung von gestern) Bohnen vertragen sich im Garten gut mit Gurken, Kohlarten, Mangold, Rettich, Radieschen, Rote Bete, Salat, Sellerie, Tomaten und gedeihen nicht gut in der Nachbarschaft von Zwiebeln, Erbsen, Fenchel, Knoblauch, Lauch. Für den sofortigen Gebrauch ist bei Buschbohnen der Mondstand gleichgültig, außer Sie wollen einmal einen besonderen »Mondtest« machen: Ernten Sie dann einmal an einem Fruchttag (Widder, Löwe, Schütze) und gleich darauf an einem Blatttag (Krebs, Skorpion, Fische). Der Geschmacksunterschied spricht für sich.

Sonntag

28

MAI
Pfingstsonntag

Einfach zum Nachdenken. Es gibt Menschen, die unseren Schöpfer als herrisches Wesen beschreiben, das den Menschen mit Unwissenheit benebelt und mit Feuer straft und das die Handlungen des Menschen mit herzloser Genauigkeit beurteilt. Dadurch entstellen sie das wahre Bild Gottes – das eines himmlischen Vaters, einer himmlischen Mutter voll Liebe und Mitgefühl. Sie malen ein falsches Bild – das eines schonungslosen und rachsüchtigen Tyrannen. Wer aber mit Gott in Verbindung steht, weiß, wie töricht es ist, Ihn sich anders als ein mitfühlendes Wesen vorzustellen, das unendliche Liebe und Güte in sich birgt. *Yogananda*

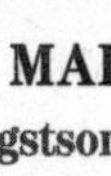

Element:
Erde
Tagesqualität:
Kälte
Nahrungsqualität:
Salz
Pflanzenteil:
Wurzel
Körperzone:
Verdauungsorgane
Organsystem:
Kreislauf

Jungfrau
zunehmender Mond

Montag

29

MAI

Pfingstmontag

Element:
Erde
Tagesqualität:
Kälte
Nahrungsqualität:
Salz
Pflanzenteil:
Wurzel
Körperzone:
Verdauungsorgane
Organsystem:
Kreislauf

Jungfrau
zunehmender Mond

Einfach zum Nachdenken

Liebe erblüht im Staunen einer Seele,
die nichts erwartet,
und sie stirbt an der Enttäuschung des Ichs,
das alles fordert.

Gustave Flaubert

Dienstag

30

MAI

Vom Auf und Ab der Organe im Tageslauf. Von 9 Uhr bis 11 Uhr vormittags arbeiten Milz und Bauchspeicheldrüse am wirkungsvollsten. Ein großes Frühstück nach neun Uhr morgens wirkt deshalb belastend und ermüdend. Wenn man andererseits in diesen beiden Stunden den »kleinen Hunger« mit etwas Süßem stillt, muss die Bauchspeicheldrüse hart arbeiten, um den Blutzuckerspiegel zu senken. Das macht müde! Verzichten Sie deshalb generell auf alles Zuckerhaltige während dieser zwei Stunden.

Waage
zunehmender Mond

Element:
Luft
Tagesqualität:
Licht
Nahrungsqualität:
Fett
Pflanzenteil:
Blüte
Körperzone:
Hüfte, Nieren, Blase
Organsystem:
Drüsensystem

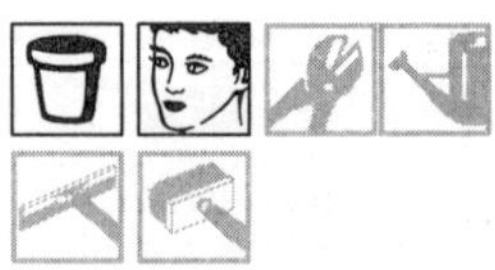

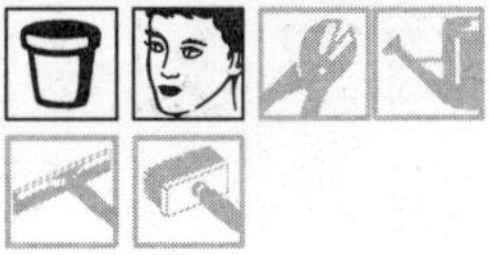

Element:
Luft
Tagesqualität:
Licht
Nahrungsqualität:
Fett
Pflanzenteil:
Blüte
Körperzone:
Hüfte, Nieren, Blase
Organsystem:
Drüsensystem

Mittwoch 31 MAI

Waage
zunehmender Mond

Fit zum richtigen Zeitpunkt – an Waagetagen. Im Stehen ein Knie bis an die Brust heranziehen, dabei ausatmen. Erst rechts, dann links, jeweils sieben Sekunden lang und dreimal. Einatmen, wenn Sie mit beiden Beinen auf dem Boden stehen. Dabei können Sie sich selbstverständlich irgendwo ganz leicht anlehnen, wenn das Gleichgewicht noch nicht stimmt. Sie werden im Laufe der Zeit merken, wie sehr diese Übung zur Verbesserung des Gleichgewichtsgefühls beiträgt.

Donnerstag 1 JUNI

Umwelt und Klima – gesunder Menschenverstand und Mondkalender helfen mit. Wer auf tierisches Eiweiß in seiner Nahrung verzichtet, schützt nicht nur seine Gesundheit, sondern auch unsere Wälder, die Sauerstoffspender der Welt! Die Abholzung, insbesondere auch der Tropenwälder, findet zum größten Teil statt, um Weideflächen für die Nutztierzucht zu schaffen. In Amerika werden weniger als 15 Prozent der Wälder für städtebauliche Maßnahmen abgeholzt, dagegen über 85 Prozent für die Schaffung von Weideflächen. Damit verbunden: rasantes Artensterben durch die Vernichtung der Lebensgrundlagen.

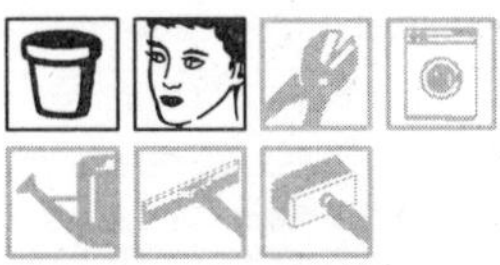

Element:
Luft
Tagesqualität:
Licht
Nahrungsqualität:
Fett
Pflanzenteil:
Blüte
Körperzone:
Hüfte, Nieren, Blase
Organsystem:
Drüsensystem

Waage
zunehmender Mond

Freitag

2

JUNI

Element:
Wasser
Tagesqualität:
Feuchte
Nahrungsqualität:
Kohlenhydrate
Pflanzenteil:
Blatt
Körperzone:
Geschlechtsorgane
Organsystem:
Nervensystem

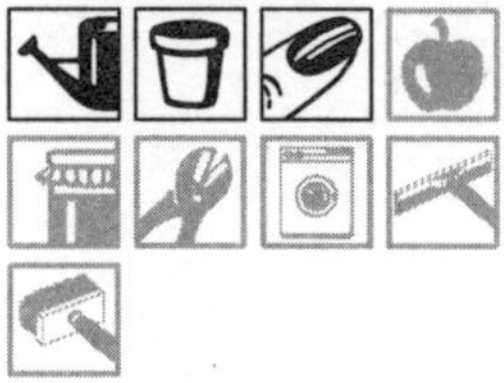

Skorpion
zunehmender Mond

Gesund bleiben, gesund werden. Heute kann es passieren, dass die Lieblingssemmeln beim Bäcker schon früher als sonst ausverkauft sind. Zur Erinnerung – »Nahrungsqualität Kohlenhydrate« bedeutet: Wenn der Mond in Krebs, Skorpion oder Fische steht, haben viel mehr Menschen Lust auf Brot, Mehl, Nudeln. usw. Allerdings vertragen gerade an den Kohlenhydrattagen viele diese Speisen nicht so gut, in Abhängigkeit von der Qualität und Sorte des verwendeten Mehls. Bei mehr Interesse bringen wir Ihnen die Vielfalt der Zusammenhänge gerne kostenlos nahe. E-Mail an vrz@aon.at genügt.

Samstag

3

JUNI

Gesund bleiben, gesund werden. Bei Menstruationsbeschwerden wirkt Frauenmanteltee, getrunken an Skorpiontagen, nicht nur heilsam, sondern auch sehr gut vorbeugend. Alle krampflösenden Tees sollten besonders an Skorpion getrunken und, wenn es geht, auch gepflückt werden. Werdende Mütter tun gut daran, sich an Skorpion vor jeder Anstrengung zu hüten, weil es an diesen Tagen leichter zu Fehlgeburten kommt, besonders wenn Skorpion im zunehmenden Mond auftaucht (Mai bis Oktober). Kalte Füße und eine schlecht durchwärmte Becken- und Nierengegend können in diesen Tagen wie auch an Waage leicht zu Entzündungen von Blase und Nieren führen.

Skorpion
zunehmender Mond

Element:
Wasser
Tagesqualität:
Feuchte
Nahrungsqualität:
Kohlenhydrate
Pflanzenteil:
Blatt
Körperzone:
Geschlechtsorgane
Organsystem:
Nervensystem

Element:
Feuer
Tagesqualität:
Wärme
Nahrungsqualität:
Eiweiß, Frucht
Pflanzenteil:
Frucht
Körperzone:
Oberschenkel, Venen
Organsystem:
Sinnesorgane

Sonntag

4

JUNI

Einfach zum Nachdenken

Und wenn es gar keine anderen Gründe gäbe
(und wir wissen, es gibt so viele wie Sterne am Himmel),
das allein wäre der Wert von Kindern:
die Art und Weise, wie sie einen an den Trost der
Einfachheit erinnern. Ihr unwiderstehlicher
gesunder Menschenverstand. Ihre Zugänglichkeit und
ihre Ehrlichkeit. Ihr Mangel an Verstellung.

Elisabeth Berg

04.41

Schütze
Vollmond

Fit zum richtigen Zeitpunkt – an Schützetagen. Legen Sie sich zuerst auf die linke Seite. Strecken Sie den linken Arm über den Kopf aus und lassen Sie den Kopf bequem auf ihm ruhen. Atmen Sie ein, beugen Sie nun das rechte Bein nach hinten ab, fassen Sie den Spann des rechten Fußes und ziehen Sie das Bein zum Gesäß nach hinten. Das tun Sie, bis es an der Vorderseite des rechten Oberschenkels leicht zieht. Beginnen Sie dann erst, auszuatmen und langsam bis sieben zu zählen. Auf die andere Seite legen und das Bein wechseln. Die Übung machen Sie wieder dreimal (oder siebenmal oder einundzwanzigmal, wenn es Ihnen Freude macht).

Montag

5

JUNI

Element:
Feuer
Tagesqualität:
Wärme
Nahrungsqualität:
Eiweiß, Frucht
Pflanzenteil:
Frucht
Körperzone:
Oberschenkel, Venen
Organsystem:
Sinnesorgane

Schütze
abnehmender Mond

Dienstag

6

JUNI

Element:
Erde
Tagesqualität:
Kälte
Nahrungsqualität:
Salz
Pflanzenteil:
Wurzel
Körperzone:
Knie, Knochen, Haut
Organsystem:
Kreislauf

Steinbock
abnehmender Mond

Gemüse zum richtigen Zeitpunkt: Karotten * Säen: je nach Sorte von Frühjahr bis Spätsommer, aber immer bei abnehmendem Mond an Fruchttagen (Widder, Löwe, Schütze). * Am 8. Juni, gleichgültig, wie der Mond steht. * Auszupfen, verdünnen an den Fruchttagen Widder, Löwe, Schütze, gleichgültig in welcher Mondphase. * Ernten zum sofortigen Verbrauch: Wenn das Kraut bräunlich wird, aber auch schon früher. * Ernten zum Lagern bei abnehmendem Mond an Widder, Löwe, Schütze, wenn das Kraut schon beginnt braun zu werden. *(Lesen Sie morgen weiter)*

Mittwoch

7

JUNI

(Fortsetzung von gestern) Viel Vitamin A in den Karotten? Das weiß heute jedes Kind. Denn deshalb werden die Kleinen ja regelrecht vollgestopft. Dennoch: Nicht jeder verträgt sie. Karotten sind nämlich ein typisches Alpha-Gemüse. Das hat zur Folge, dass manche Menschen von Karotten Magendrücken bekommen. Besonders Omega-Kinder werden geschädigt von Karotten in Fertiggläschen. Wer sie verträgt, für den sind Bio-Karotten eine wahre Vitaminbombe. Karotten zum Einlagern sollten Sie ausschließlich am 8. Juni säen, am St.-Medardus-Tag (also morgen!), gleichgültig, wie der Mond an diesem Tag steht. Zwischen und neben die Karotten setzen wir meist Ringelblumen als vorbeugende »Medizin«.

Steinbock
abnehmender Mond

Element:
Erde
Tagesqualität:
Kälte
Nahrungsqualität:
Salz
Pflanzenteil:
Wurzel
Körperzone:
Knie, Knochen, Haut
Organsystem:
Kreislauf

Donnerstag

8

JUNI

Fronleichnam

Element:
Luft
Tagesqualität:
Licht
Nahrungsqualität:
Fett
Pflanzenteil:
Blüte
Körperzone:
Unterschenkel, Venen
Organsystem:
Drüsensystem

Einfach zum Nachdenken

Das Geheimnis des Jungbleibens
ist aufrichtig leben,
langsam essen und
nicht an dein Alter denken.

Lucille Ball

Wassermann
abnehmender Mond

Freitag

9

JUNI

Fit zum richtigen Zeitpunkt – an Wassermanntagen. Beugen Sie sich im Stehen nach vorne, halten Sie die Knie gestreckt und lassen Sie den Kopf ganz entspannt zwischen den Armen hängen. Nun erlauben Sie Ihren Fingerspitzen, sich langsam dem Boden zu nähern. Bis die ganze Beinrückseite leicht spannt (nicht wippen!). Bei dieser Übung ist es besonders wichtig, jeden Leistungsgedanken auf die Seite zu legen. Es kommt *nicht* darauf an, die Zehenspitzen zu erreichen. Es kommt *nicht* darauf an, sie besonders schnell zu erreichen. Geht alles ganz von selbst. Sieben Sekunden lang, dreimal. Und beim Abwärtswandern ausatmen.

Element:
Luft
Tagesqualität:
Licht
Nahrungsqualität:
Fett
Pflanzenteil:
Blüte
Körperzone:
Unterschenkel, Venen
Organsystem:
Drüsensystem

Wassermann
abnehmender Mond

Samstag

10

JUNI

Element:
Wasser
Tagesqualität:
Feuchte
Nahrungsqualität:
Kohlenhydrate
Pflanzenteil:
Blatt
Körperzone:
Füße, Zehen
Organsystem:
Nervensystem

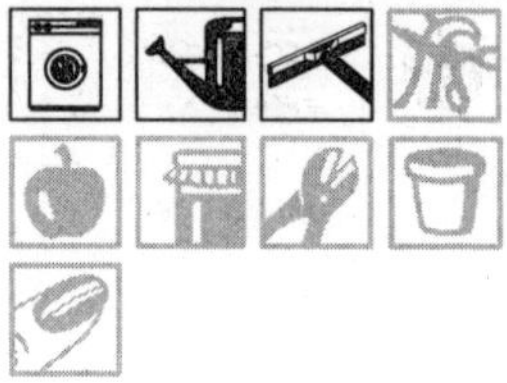

Fische
abnehmender Mond

Gesund bleiben, gesund werden. Sie wissen noch nicht, ob Sie ein Alpha- oder ein Omega-Typ sind, und trinken regelmäßig Kaffee? Wir möchten wieder einmal vorschlagen, genau eine Woche lang statt Kaffee Grüntee (nicht Schwarztee!) ohne Zucker zu trinken, mindestens drei Tassen täglich. Wasser kochen, einige Minuten abkühlen lassen, dann aufgießen und nur 90 Sekunden (!) ziehen lassen. Beobachten Sie, wie sich Ihre Verdauung, wie sich Ihr Lebensgefühl verändert. Ziehen Sie Ihre Schlüsse und wiederholen Sie das Experiment eventuell.

Sonntag

11

JUNI

Einfach zum Nachdenken

Und dann, ohne es zu erwarten,
kommst du in die mittleren Jahre
und wirst anonym.
Niemand bemerkt dich.
Du erlangst eine wunderbare Freiheit.
Es ist etwas Positives.
Du kannst dich frei bewegen, unbemerkt, unsichtbar.

Doris Lessing

Element:
Wasser
Tagesqualität:
Feuchte
Nahrungsqualität:
Kohlenhydrate
Pflanzenteil:
Blatt
Körperzone:
Füße, Zehen
Organsystem:
Nervensystem

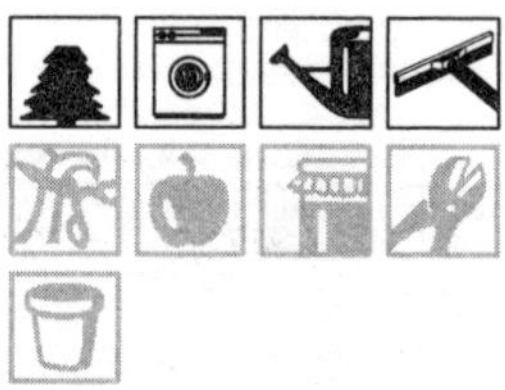

Fische
abnehmender Mond

Montag 12 JUNI

Element:
Feuer
Tagesqualität:
Wärme
Nahrungsqualität:
Eiweiß, Frucht
Pflanzenteil:
Frucht
Körperzone:
Kopfbereich bis Oberkiefer
Organsystem:
Sinnesorgane

Widder
abnehmender Mond

Gemüse zum richtigen Zeitpunkt: Zwiebeln. * Setzen und Stecken: abnehmender Mond genügt. Bei zunehmendem Mond wächst die Zwiebel zu sehr aus der Erde und kippt um. Meist folgt dann die Fäule. * Ernten zum Lagern bei abnehmendem Mond an Löwe. * Aus unseren Speiseplänen ist die Zwiebel kaum wegzudenken, und doch gibt es immer wieder Menschen, vor allem viele Kinder, die Zwiebeln nicht vertragen. Zwiebeln sind ein Alpha-Gemüse, Knoblauch ein Omega-Gemüse. Viele Kulturen achteten darauf, verschiedene Zwiebelpflanzen nicht auf einen Teller zu bringen. Was sich im Garten nicht verträgt, verträgt sich oftmals auch in unserem Magen nicht.

Dienstag 13 JUNI

Moon Power für Garten, Feld und Wald. Ein Tipp für die kommenden Tage und Monate der Obsternte und wie Sie den Mondkalender dabei als »guten Geist« einsetzen können. An Widdertagen im abnehmenden Mond produzierte Fruchtsäfte gären nicht so leicht und haben ein besseres Aroma. Überreife Früchte sollten Sie lieber zu Mus oder Marmelade verarbeiten, für Kompott nehmen Sie normales Obst. Ganz besonders geeignet sind diese Tage auch für die Herstellung von Trockenfrüchten, ganz ohne Chemie, im Backrohr: Marillen, Pflaumen usw. Die Trockenfrüchte wären ein idealer Ersatz für die süßen Suchtmittel an den Supermarktkassen.

Element:
Feuer
Tagesqualität:
Wärme
Nahrungsqualität:
Eiweiß, Frucht
Pflanzenteil:
Frucht
Körperzone:
Kopfbereich bis Oberkiefer
Organsystem:
Sinnesorgane

Widder
abnehmender Mond

Mittwoch

14

JUNI

Element:
Erde
Tagesqualität:
Kälte
Nahrungsqualität:
Salz
Pflanzenteil:
Wurzel
Körperzone:
Unterkiefer, Halsregion
Organsystem:
Kreislauf

Stier
abnehmender Mond

Der besondere Tipp. Dass heute bis Freitag nur wenige Symbole zu finden sind, ist kein Druckfehler. Stier im abnehmenden Mond liefert einfach kaum Anlass, ein eigenes immer wiederkehrendes Symbol zu setzen. Für eine solche Regelmäßigkeit gibt es keine geeigneten Tätigkeiten. Gönnen Sie sich einfach eine intensive Nackenmassage oder einen Halswickel und achten Sie darauf, keine Zugluft an Hals und Schultern zu lassen – damit haben Sie diese Mondphase gut genutzt. An Stiertagen können Allergiker gut identifizieren, wogegen sie empfindlich sind. Die Mandeln reagieren nämlich deutlicher.

Donnerstag

15

JUNI

Tipps für die Ernährung, wie sie für uns gedacht ist – aus unserem neuen Buch *Alpha-Omega-Formel*. Es ist uns ein Anliegen, darauf hinzuweisen, dass eine vegetarische Ernährung nicht zwangsläufig gesünder ist. Viele Vegetarier schlagen sich mit Gewichts- und Kreislaufproblemen herum und ahnen nicht, dass sich in Eiern und Käse oft mehr tierisches Eiweiß verbirgt als in Fleisch. Mit der Folge, dass ein Mensch, der nur hin und wieder Fleisch isst und sich ansonsten vegan ernährt, gesünder lebt als ein Vegetarier, der zu viele Eier und Milchprodukte isst.

Stier
abnehmender Mond

Element:
Erde
Tagesqualität:
Kälte
Nahrungsqualität:
Salz
Pflanzenteil:
Wurzel
Körperzone:
Unterkiefer, Halsregion
Organsystem:
Kreislauf

Element:
Erde
Tagesqualität:
Kälte
Nahrungsqualität:
Salz
Pflanzenteil:
Wurzel
Körperzone:
Unterkiefer, Halsregion
Organsystem:
Kreislauf

Freitag 16 JUNI

Stier
abnehmender Mond

Vom Auf und Ab der Organe im Tageslauf. Die Hochphase der Herztätigkeit fällt in die Zeit von 11 bis 13 Uhr. Belasten Sie Ihr Herz dann nicht mit Sattessen bis zum Platzen, sondern essen Sie nur, bis der Hunger gestillt ist. Das Sattheitsgefühl stellt sich ohnehin meist erst fünf Minuten nach dem Essen ein. Erholsame Ruhepausen danach sind leider oftmals nicht möglich, doch zumindest einen stressigen Einkaufsbummel könnten Sie auf eine andere Tagesstunde verlegen, denn von 13 bis 15 Uhr möchte sich das Herz eigentlich etwas erholen.

Samstag 17 JUNI

Der Mond – Ihr guter Freund in Haushalt und Alltag. Eine Leserin fragte, wie man alten Rauch aus einer neu gemieteten Wohnung beseitigen kann. Als wichtigsten Schritt sollte man das Haus bei abnehmendem Mond an einem Lichttag wie heute (Zwillinge, Waage, Wassermann) ausräuchern. Dazu Weihrauch oder getrockneten Salbei auf Räucherkohle legen und bei anfangs geschlossenen und dann bei offenen Fenstern stark räuchern. Dann die Fenster noch einige Stunde offen lassen. In dieser Zeit nicht im Raum bleiben, auch nicht während des Räucherns. Ideal wäre danach ein neuer Anstrich, ebenfalls bei abnehmendem Mond.

Zwillinge
abnehmender Mond

Element:
Luft
Tagesqualität:
Licht
Nahrungsqualität:
Fett
Pflanzenteil:
Blüte
Körperzone:
Schultern, Arme, Hände
Organsystem:
Drüsensystem

Sonntag

18

JUNI

Element:
Luft
Tagesqualität:
Licht
Nahrungsqualität:
Fett
Pflanzenteil:
Blüte
Körperzone:
Schultern, Arme, Hände
Organsystem:
Drüsensystem

05.36

Zwillinge
Neumond

Einfach zum Nachdenken

Wenn etwas zu tun ist,
gibt es drei Möglichkeiten:
Tue es selbst, beschäftige jemanden
oder sag deinen Kindern,
sie sollen es nicht tun.

Monta Crane

Montag

19

JUNI

Gesund bleiben, gesund werden. Ein Spezialmittel, um den Körper zu entgiften, die Verdauung in Ordnung zu bringen und störende Gelüste und Heißhungeranfälle in den Griff zu bekommen: Kauen Sie so viele Bio-Dinkelkörner, wie Sie mit drei, vier Fingern greifen können. Sie verwandeln sich in einen »Dinkel-Kaugummi«, den Sie so lange im Mund behalten können, wie Sie wollen. Die Zunge sendet die Information »Super Stoff!« zu den Verdauungsorganen, der Heißhunger vergeht von selbst, Ihr Gespür für Echtes und Gutes wird geschärft. Solche Anfälle stellen sich besonders bei Krebs häufig ein.

Krebs
zunehmender Mond

Element:
Wasser
Tagesqualität:
Feuchte
Nahrungsqualität:
Kohlenhydrate
Pflanzenteil:
Blatt
Körperzone:
Brustbereich, Lunge
Organsystem:
Nervensystem

Element:
Wasser
Tagesqualität:
Feuchte
Nahrungsqualität:
Kohlenhydrate
Pflanzenteil:
Blatt
Körperzone:
Brustbereich, Lunge
Organsystem:
Nervensystem

Dienstag 20 JUNI

Humor ist gute Medizin. Als ein Biograf erfuhr, dass Goethe als junger Mann im heutigen Sessenheim in Frankreich gewesen war und sich in ein Mädchen namens Friederike Brion verliebt hatte, reiste er in das Dorf. Der Biograf fragte unter anderem eine alte Dame nach dem Mädchen. Die Dame konnte sich gut erinnern und begann zu erzählen. Auf die Frage, was sie von Goethe wisse, sagte sie: »Ja, richtig, der Goethe. Ein Student, der mal hier war. Wir dachten alle, er und Riekchen würden ein Paar werden. Aber eines Tages war er auf und davon, und kein Mensch hat je wieder von ihm gehört.«

Krebs
zunehmender Mond

Mittwoch 21 JUNI

Einfach zum Nachdenken

Tadelt man, dass wir uns lieben,
Dürfen wir uns nicht betrüben:
Tadel ist von keiner Kraft.
Andern Dingen mag das gelten;
Kein Missbilligen, kein Schelten
Macht die Liebe tadelhaft.

Johann Wolfgang von Goethe

Element:
Feuer
Tagesqualität:
Wärme
Nahrungsqualität:
Eiweiß, Frucht
Pflanzenteil:
Frucht
Körperzone:
Herzregion, Kreislauf
Organsystem:
Sinnesorgane

Löwe
zunehmender Mond

Donnerstag

22

JUNI

Element:
Feuer
Tagesqualität:
Wärme
Nahrungsqualität:
Eiweiß, Frucht
Pflanzenteil:
Frucht
Körperzone:
Herzregion, Kreislauf
Organsystem:
Sinnesorgane

Löwe
zunehmender Mond

Gemüse zum richtigen Zeitpunkt: Tomaten. * Säen, Setzen, Pflanzen, Pikieren bei zunehmendem Mond und bei abnehmendem Mond an Fruchttagen (Widder, Löwe, Schütze). * Säen ab etwa Februar/März. * Pikieren ab etwa April. * Ins Freie setzen ab etwa Mai (nach den Eisheiligen). * Gießen der Jungpflanzen an Wasser- und/oder Fruchttagen. * Gießen der Kübelpflanzen an Wasser- und/ oder Fruchttagen. * Mit Kompost düngen bei abnehmendem Mond. * Blüten abzwicken (ab Ende August) bei abnehmendem Mond an Löwe. * Staude kopfunter aufhängen zur Nachreifung am Ende der Reifeperiode ca. Oktober bei abnehmendem Mond an Löwe. *(Lesen Sie morgen weiter)*

Freitag

23

JUNI

(Fortsetzung von gestern) Manch wertvolle Substanz in der Tomate löst sich ähnlich wie bei Karotten erst durch Erhitzen und Zugabe von Fett. Sie sollten deshalb Tomaten nicht ausschließlich roh essen, sondern auch gekocht, beispielsweise als Tomatensuppe, in Spaghettisoßen usw. Tomaten brauchen im Garten viel Sonne, um deren Kraft in ihre Früchte einzubauen. An die Erde stellen sie kaum Ansprüche, wenn Sie beim Säen, Setzen und Pflanzen auf den richtigen Zeitpunkt achten. Bei uns zu Hause setzen wir zwischen die Tomaten immer Kopfsalat, während Zwiebeln wie ein Zaun den Rand bilden (siehe auch unser Buch *Der lebendige Garten*).

Löwe
zunehmender Mond

Element:
Feuer
Tagesqualität:
Wärme
Nahrungsqualität:
Eiweiß, Frucht
Pflanzenteil:
Frucht
Körperzone:
Herzregion, Kreislauf
Organsystem:
Sinnesorgane

Element:
Erde
Tagesqualität:
Kälte
Nahrungsqualität:
Salz
Pflanzenteil:
Wurzel
Körperzone:
Verdauungsorgane
Organsystem:
Kreislauf

Samstag

24

JUNI

Fit zum richtigen Zeitpunkt – an Jungfrautagen. Legen Sie sich auf den Rücken, ziehen Sie die Beine an und legen Sie den linken Fuß aufs rechte Knie. Die rechte Hand soll den Kopf unterstützen, während Sie versuchen, die rechte Schulter langsam dem linken Knie anzunähern. Der Ellbogen bleibt hinten, der Blick geht zum linken Knie. Wichtig: Die Bauchmuskeln führen diese Bewegung aus, nicht der Arm hinterm Kopf. Die Ausatmung wie immer *während* der Muskelspannung, das Einatmen beim Zurücksinken und Entspannen. Halten Sie die Spannung sieben Sekunden lang, entspannen Sie sich sieben Sekunden lang. Wechseln Sie dann und machen Sie jede Seite insgesamt dreimal.

Jungfrau
zunehmender Mond

Sonntag

25

JUNI

Einfach zum Nachdenken

Hab keine Angst, dass dein Leben zu Ende geht.
Fürchte dich lieber davor, dass es nie anfängt.

Grace Hansen

Element:
Erde
Tagesqualität:
Kälte
Nahrungsqualität:
Salz
Pflanzenteil:
Wurzel
Körperzone:
Verdauungsorgane
Organsystem:
Kreislauf

Jungfrau
zunehmender Mond

Montag

26

JUNI

Element:
Luft
Tagesqualität:
Licht
Nahrungsqualität:
Fett
Pflanzenteil:
Blüte
Körperzone:
Hüfte, Nieren, Blase
Organsystem:
Drüsensystem

Waage
zunehmender Mond

Gemüse zum richtigen Zeitpunkt: Rhabarber. * Setzen bei zunehmendem Mond, er kommt dann jedes Jahr. Ernten laufend bis Ende Juli. * Wer den seltsam säuerlichen Geschmack von Rhabarber überwindet und schätzen lernt, der gewinnt einen mächtigen Mitstreiter für gute Gesundheit. Rhabarber räumt wie kein anderes Gemüse mit unerwünschten Magen- und Darmbakterien auf. Wollen Sie Rhabarber versetzen oder vermehren (am besten durch Teilen), dann am besten, sobald der letzte Bodenfrost vorüber ist und bei zunehmendem Mond an Jungfrautagen.

Dienstag

27

JUNI

Fit zum richtigen Zeitpunkt – an Waagetagen. Versuchen Sie im Stehen, das rechte Bein ganz gerade nach oben zu ziehen, als ob Sie es in die Hüfte einziehen wie ein hydraulisches Fahrwerk. Heben Sie dabei die Fußspitzen an und atmen Sie langsam aus. Halten Sie das Bein sieben Sekunden lang »eingezogen«, während Sie weiterhin langsam ausatmen. Entspannen Sie dann sieben Sekunden lang, auf beiden Beinen im Gleichgewicht stehend. Wechseln Sie dann zum linken Bein. Machen Sie diese Übung insgesamt jeweils dreimal.

Waage
zunehmender Mond

Element:
Luft
Tagesqualität:
Licht
Nahrungsqualität:
Fett
Pflanzenteil:
Blüte
Körperzone:
Hüfte, Nieren, Blase
Organsystem:
Drüsensystem

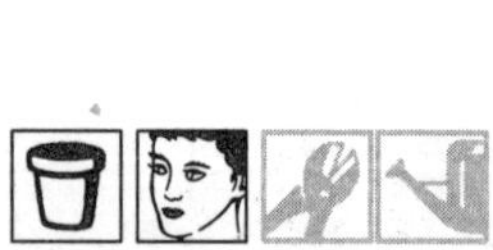

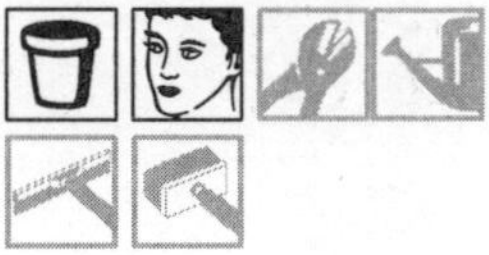

Element:
Luft
Tagesqualität:
Licht
Nahrungsqualität:
Fett
Pflanzenteil:
Blüte
Körperzone:
Hüfte, Nieren, Blase
Organsystem:
Drüsensystem

Mittwoch 28 JUNI

Waage
zunehmender Mond

Schön sein, schön bleiben. Kennen Sie die erfolgreichste Vorbeugung gegen »Schwangerschaftsstreifen«? Sie lassen sich leider nicht mehr beseitigen, aber vorbeugen, das ist machbar. Vollwertige, basische Ernährung ohne tierisches Eiweiß ist die beste Vorbeugung gegen Schwangerschaftsstreifen! An Waagetagen wie heute sollte man alle gefährdeten Stellen gut mit einem natürlichen Gewebestrafföl massieren. Bürsten Sie mit einem rauen Handschuh die Problemzonen im Uhrzeigersinn und massieren Sie hinterher ebenfalls mit dem Öl. Sehr sinnvoll wäre es, für diese Prozedur die gesamten 14 Tage eines zunehmenden Mondes zu nutzen, also vielleicht später noch einmal ab dem 18. Juli.

Donnerstag 29 JUNI

Rezepte aus unserem neuen Buch *Alpha-Omega-Formel* – Kartoffelgulasch klassisch. Was Sie brauchen: 3 Zwiebeln, fein gehackt * 4 EL pflanzliches Öl (Omega) oder Butterschmalz/Ghee (Alpha) * 800 g Kartoffeln, geschält und in mundgerechte Stücke geschnitten * 3 EL Paprikapulver, edelsüß * 1–2 TL Majoran, getrocknet * 2 TL Kümmel * 600 ml Gemüsebrühe * 2 Lorbeerblätter * Salz, Pfeffer. **Und so geht's:** Zwiebeln in einem Topf mit Öl oder Ghee gut anrösten. Die Kartoffeln zugeben und ebenfalls etwas anrösten. Bevor die Kartoffeln anbrennen, Paprikapulver, Majoran und Kümmel mitrösten. *(Lesen Sie morgen weiter)*

Element:
Wasser
Tagesqualität:
Feuchte
Nahrungsqualität:
Kohlenhydrate
Pflanzenteil:
Blatt
Körperzone:
Geschlechtsorgane
Organsystem:
Nervensystem

Skorpion
zunehmender Mond

Freitag

30

JUNI

Element:
Wasser
Tagesqualität:
Feuchte
Nahrungsqualität:
Kohlenhydrate
Pflanzenteil:
Blatt
Körperzone:
Geschlechtsorgane
Organsystem:
Nervensystem

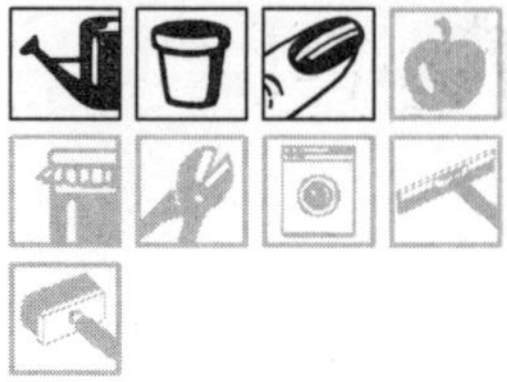

Skorpion
zunehmender Mond

(Fortsetzung von gestern) Mit der Gemüsebrühe ablöschen, Lorbeerblätter zugeben und das Kartoffelgulasch etwa 20 Minuten zugedeckt kochen lassen, bis die Kartoffeln weich sind. Mit Salz und Pfeffer abschmecken und genießen. Tipps: Der Majoran sollte unbedingt bio sein und aromatisch duften. Geräuchertes Paprikapulver macht sich auch gut, aber nur maximal 1 TL als Zusatz zu den 3 EL Paprika edelsüß. Wer es sämig möchte, kann am Schluss ein paar Kartoffeln zerdrücken. Viel Spaß beim Experimentieren mit diesem einfachen, aber feinen Gericht!

Samstag

1

JULI

Der besondere Tipp. Die Zahlen des Südens (2 und 7) im »Tiroler Zahlenrad« machen den Juli zu einem besonderen Monat (speziell den 2., 7., 17. und 27.). Es bedeutet, dass Neugier und Erfindungsgeist in der »Luft liegen«, aber auch eine gewisse Ungeduld. Diese Kräfte lassen sich zum Vorteil aller nutzen, besonders in diesen Tagen, wo Inspiration und Erfindungsgeist zum Errichten einer guten Zukunft notwendiger denn je sind. Wer die Zusammenhänge nicht kennt, fühlt nur eine eigenartige Unruhe und »kennt sich nicht aus«. Bleiben Sie gelassen und setzen Sie gute Ideen zielbewusst um.

Schütze
zunehmender Mond

Element:
Feuer
Tagesqualität:
Wärme
Nahrungsqualität:
Eiweiß, Frucht
Pflanzenteil:
Frucht
Körperzone:
Oberschenkel, Venen
Organsystem:
Sinnesorgane

Element:
Feuer
Tagesqualität:
Wärme
Nahrungsqualität:
Eiweiß, Frucht
Pflanzenteil:
Frucht
Körperzone:
Oberschenkel, Venen
Organsystem:
Sinnesorgane

Sonntag

2

JULI

Einfach zum Nachdenken

Kernpunkt der Frauenbefreiung ist nicht,
am Tor der Männerwelt zu stehen,
mit den Fäusten dagegenzuschlagen und zu rufen:
»Verdammt, lasst mich rein!«
Der Punkt ist, von dieser Welt fortzugehen
und sich darauf zu konzentrieren,
eine neue Frau zu erschaffen.

Joan G. Rosenberg

Schütze
zunehmender Mond

Montag

3

JULI

Praktisches und Philosophisches rund um die Ernährung – Tipps zu Einkauf und Lagerung, Teil 1. Einfache und natürliche Konservierungsmethoden zu ignorieren hat Konservierungsstoffen, Bestrahlungen, Schwefeln die Wege geebnet. Die Grundregeln zur Lagerung lauten: Wenn Sie in den 14 Tagen des zunehmenden Mondes einkaufen, dann so oft wie möglich frisch und möglichst nichts lagern. Bei zunehmendem Mond verdirbt alles schneller als bei abnehmendem Mond. Bei abnehmendem Mond können Sie etwas mehr einkaufen und einige Tage Vorrat halten, ohne dass frische und biologische Lebensmittel darunter leiden.

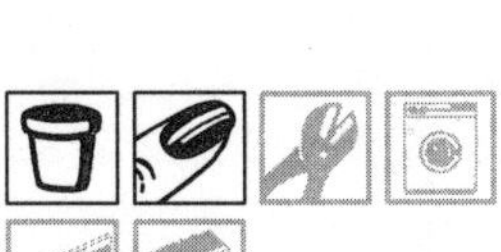

Element:
Erde
Tagesqualität:
Kälte
Nahrungsqualität:
Salz
Pflanzenteil:
Wurzel
Körperzone:
Knie, Knochen, Haut
Organsystem:
Kreislauf

12.37

Steinbock
Vollmond

Dienstag

4

JULI

Element:
Erde
Tagesqualität:
Kälte
Nahrungsqualität:
Salz
Pflanzenteil:
Wurzel
Körperzone:
Knie, Knochen, Haut
Organsystem:
Kreislauf

Steinbock
abnehmender Mond

Der besondere Tipp. Sie kommen morgens nur schwer in die Gänge? Probieren Sie einmal diese einfache kleine Gymnastik: Stellen Sie im Liegen das linke Bein auf und legen Sie den rechten Unterschenkel aufs angewinkelte Knie. Nun kreisen Sie mit dem rechten Fuß linksherum, rechtsherum, solange es Ihnen passt. Wechseln Sie dann und tun Sie das Gleiche mit dem linken Fuß. Wenn Sie nun auch noch die alte Regel ausprobieren, nämlich nüchtern mit dem eigenen Speichel die Augen benetzen, dann sind Sie – WACH! Diese Gymnastik wirkt am besten bei Steinbock, ist aber bei jedem Mondstand hilfreich!

Mittwoch

5

JULI

Moon Power für Garten, Feld und Wald. Wenn Sie den heutigen Tag zum Gärtnern nutzen wollen, sollten Sie auf die herrschenden Energien Rücksicht nehmen. Schalten Sie automatische Rasensprenger aus, denn heute künstlich bewässert, sind Ihre Pflanzen anfälliger für Schädlinge. Günstig wäre heute und morgen das Unkrautjäten. Sie können es zur Verrottung liegen lassen und brauchen es heute nicht akribisch mit der Wurzel herauszuziehen. Es genügt, wenn Sie es mit der Unkrauthacke verletzen. Natürlich sind Kulturpflanzen heute genauso sensibel – also passen Sie beim Jäten gut auf, dass Sie Blumenschmuck und Gemüsepflanzen nicht schädigen.

Wassermann
abnehmender Mond

Element:
Luft
Tagesqualität:
Licht
Nahrungsqualität:
Fett
Pflanzenteil:
Blüte
Körperzone:
Unterschenkel, Venen
Organsystem:
Drüsensystem

Donnerstag

6

JULI

Element:
Luft
Tagesqualität:
Licht
Nahrungsqualität:
Fett
Pflanzenteil:
Blüte
Körperzone:
Unterschenkel, Venen
Organsystem:
Drüsensystem

Gesund bleiben, gesund werden. Im Sommer fällt öfters als sonst auf, dass sich heute vielfach auch schon jüngere Menschen mit Krampfadern und Venenleiden herumschlagen müssen. Die Gründe liegen klar auf der Hand: Mangelnde Bewegung und eine falsche beziehungsweise »übliche« Ernährungsweise. Die moderne Zeit macht alles »bequemer« und »zeitsparender«, gleichzeitig muss alles schnell gehen. Unser Tipp für Wassermann: ein idealer Tag für gute Vorsätze, was die Venengesundheit betrifft. Der beste Vorsatz: Ab jetzt so viel wie möglich zu Fuß oder mit dem Fahrrad erledigen. Die Venen werden es Ihnen danken, und ein gutes Stück Lebensfreude wird zurückkehren!

Wassermann
abnehmender Mond

Freitag

7

JULI

Umwelt und Klima – gesunder Menschenverstand und Mondkalender helfen mit. Wenn Ihre Zimmerpflanzen in der Zentralheizungsluft zu schnell austrocknen, um sie nur an den Blatttagen Krebs, Skorpion und Fische gießen zu können, dann geben Sie ihnen zusätzlich Wasser an den Wurzeltagen Stier, Jungfrau und Steinbock. Im Idealfall gießen Sie nur mit abgestandenem Wasser. Die Erfahrung mit dem Gießen nach dem Mond hat schon viele unserer LeserInnen überzeugt, welch segensreicher Einfluss hier lange Jahre im Verborgenen blühte und jetzt wieder zu neuen Ehren kommt. Der Umweltschutz der Zukunft ist ohne das Wissen »vom richtigen Zeitpunkt« nicht denkbar.

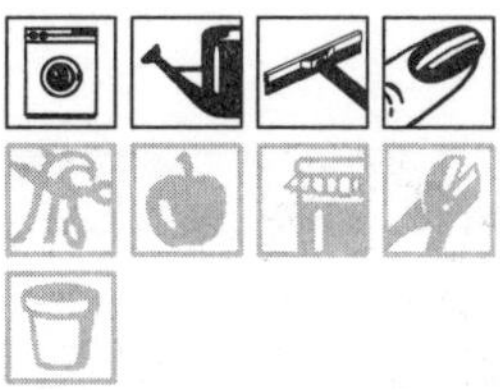

Element:
Wasser
Tagesqualität:
Feuchte
Nahrungsqualität:
Kohlenhydrate
Pflanzenteil:
Blatt
Körperzone:
Füße, Zehen
Organsystem:
Nervensystem

Fische
abnehmender Mond

Samstag

8

JULI

Element:
Wasser
Tagesqualität:
Feuchte
Nahrungsqualität:
Kohlenhydrate
Pflanzenteil:
Blatt
Körperzone:
Füße, Zehen
Organsystem:
Nervensystem

Fische
abnehmender Mond

Moon Power für Garten, Feld und Wald. In unseren Büchern und Kalendern werden Sie nicht finden, was man manchmal etwas geringschätzig »Bauernregeln« nennt. Wir haben Naturregeln aufgezeichnet, zu allen Zeiten bestätigt durch persönliche Erfahrung. Auch die folgende hat nichts von ihrer Gültigkeit verloren, auch wenn sie auf den ersten Blick seltsam klingt: Wer herausfinden möchte, welche Getreideart im nächsten Jahr die beste Ernte erzielt, sollte am 8. Juli (also heute!) einige Körner jeder Getreideart in den Boden säen. Die Körner, die am 20. Juli am besten aufgegangen sind, gedeihen auch im kommenden Jahr am besten.

Sonntag

9

JULI

Einfach zum Nachdenken

Nichts ist gerechter verteilt als die Intelligenz;
wir sind alle mit der eigenen zufrieden.

Spanisches Sprichwort

Widder
abnehmender Mond

Element:
Feuer
Tagesqualität:
Wärme
Nahrungsqualität:
Eiweiß, Frucht
Pflanzenteil:
Frucht
Körperzone:
Kopfbereich bis Oberkiefer
Organsystem:
Sinnesorgane

Montag 10 JULI

Element:
Feuer
Tagesqualität:
Wärme
Nahrungsqualität:
Eiweiß, Frucht
Pflanzenteil:
Frucht
Körperzone:
Kopfbereich bis Oberkiefer
Organsystem:
Sinnesorgane

Widder
abnehmender Mond

Moon Power für Garten, Feld und Wald. Viele Früchte werden wie immer zu dieser Jahreszeit gleichzeitig reif. Mit Ernte und Verarbeitung können Sie natürlich manchmal nicht warten, bis der Mond abnimmt, was lange Haltbarkeit versprechen würde. Reagieren Sie auf die Natur daher wie folgt: Verarbeiten Sie Kirschen, Himbeeren und die letzten Erdbeeren, wie Sie es gewohnt sind – aber markieren Sie die Gläser und brauchen Sie diese als Erste auf. Heute und morgen verarbeitetes Obst hat besonders schmackhaftes Fruchtfleisch, nutzen Sie diesen Tag, um besonders gute Marmelade zu machen.

Dienstag 11 JULI

Vom Auf und Ab der Organe im Tageslauf. Von ein Uhr mittags bis drei Uhr nachmittags arbeitet der Dünndarm, der bei vielen Verdauungsprozessen die Hauptlast trägt, besonders gut und wünscht sich vom übrigen Körper eine Pause. Herztätigkeit und Kreislauf sacken ab, und etwas Müdigkeit stellt sich ein. Vielleicht gelingt es Ihnen, sich mal eine etwas längere Pause als üblich zu gönnen. Die Siesta der südlichen Länder ist eine sehr weise Einrichtung.

Element:
Feuer
Tagesqualität:
Wärme
Nahrungsqualität:
Eiweiß, Frucht
Pflanzenteil:
Frucht
Körperzone:
Kopfbereich bis Oberkiefer
Organsystem:
Sinnesorgane

Widder
abnehmender Mond

Mittwoch

12

JULI

Element:
Erde
Tagesqualität:
Kälte
Nahrungsqualität:
Salz
Pflanzenteil:
Wurzel
Körperzone:
Unterkiefer, Halsregion
Organsystem:
Kreislauf

Stier
abnehmender Mond

Einfach zum Nachdenken

Wikipedia gilt bei vielen Menschen als *die* Quelle schlechthin für seriöse Information. Das ist nur zum Teil richtig. Ich habe meinen Eintrag öfter mit präziser Information über meine Arbeit korrigieren und ergänzen wollen. Fast jedes Mal wurden meine Texte von irgendeinem Besserwisser gestrichen – mit der Begründung, es gebe »keinen Beleg«.

Ron Fischer

Donnerstag

13

JULI

Gesund bleiben, gesund werden. Wenn Sie in der letzten Zeit Blütenkräuter gesammelt und zum Trocknen hergerichtet haben – etwa Kamille, Ringelblume, Johanniskraut usw. –, dann kommt morgen und Samstag der ideale Zeitpunkt, die guten Dinge für den Wintervorrat in dunkle Gläser oder Papiertüten umzufüllen. Sie bleiben viel länger wirkkräftig und halten lange. Wichtig wäre natürlich, sie dunkel und vor allem trocken zu lagern. Sünden gegen den gesunden Menschenverstand kann auch der Mondkalender nicht immer korrigieren.

Stier
abnehmender Mond

Element:
Erde
Tagesqualität:
Kälte
Nahrungsqualität:
Salz
Pflanzenteil:
Wurzel
Körperzone:
Unterkiefer, Halsregion
Organsystem:
Kreislauf

Element:
Luft
Tagesqualität:
Licht
Nahrungsqualität:
Fett
Pflanzenteil:
Blüte
Körperzone:
Schultern, Arme, Hände
Organsystem:
Drüsensystem

Freitag 14 JULI

Zwillinge
abnehmender Mond

Praktisches und Philosophisches rund um die Ernährung – »Was tun, wenn meine Kinder zuckersüchtig sind?« Wir kennen nur zwei erfolgreiche Wege, die mehr oder weniger gleichzeitig beschritten werden sollten: Sieben Tage lang nur pflanzliche vollwertige Ernährung und Aufklärung, Information! Die Methode »Du darfst nicht« funktioniert nicht. Kinder haben in der Regel viele Möglichkeiten, Verbote zu umgehen. Sie müssen das Kind für voll nehmen und können ihm auch zumuten, aus eigener Kraft das Richtige zu tun. Lassen Sie Ihr Kind selbst auf Entdeckungsreise gehen. *(Lesen Sie morgen weiter)*

Samstag 15 JULI

(Fortsetzung von gestern) Geben Sie Aufgaben, beispielsweise herauszufinden, wie viel Zucker in einer Cola, einem Kaugummi, einer Tüte Gummibärchen, einer Fertigsoße steckt, und lassen Sie es dann mit Zuckerstückchen demonstrieren, wie viel das jeweils ist. Natürlich können Sie auch mit Belohnungen arbeiten, wenn das Kind es geschafft hat. Noch sehr wenig bekannt ist die Tatsache, dass Zuckerkonsum neben den körperlichen Belastungen auch den Charakter verändert. Viele zuckerabhängige Kinder sind sehr reizbar und können sich schlecht konzentrieren. Versprochen: Nach einer Woche Alpha-Omega-Formel ist man von fast jeder Sucht befreit.

Element:
Luft
Tagesqualität:
Licht
Nahrungsqualität:
Fett
Pflanzenteil:
Blüte
Körperzone:
Schultern, Arme, Hände
Organsystem:
Drüsensystem

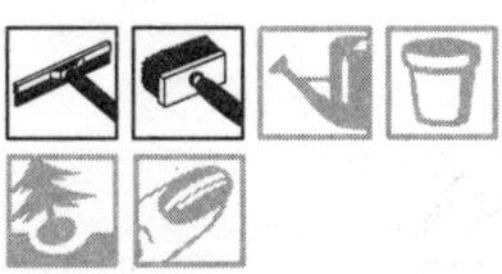

Zwillinge
abnehmender Mond

Sonntag

16

JULI

Element:
Wasser
Tagesqualität:
Feuchte
Nahrungsqualität:
Kohlenhydrate
Pflanzenteil:
Blatt
Körperzone:
Brustbereich, Lunge
Organsystem:
Nervensystem

Krebs
abnehmender Mond

Einfach zum Nachdenken

Eine Stunde konzentrierter Arbeit hilft mehr,
deine Lebensfreude anzufachen,
deine Schwermut zu überwinden
und dein Schiff wieder flottzumachen,
als ein Monat dumpfen Brütens.

Benjamin Franklin

Montag

17

JULI

Gesund bleiben, gesund werden. Wieder einmal herrscht Neumond, deshalb entgiftet der Körper wieder besonders wirkungsvoll. Solche Tage sind ideal für eine Mini-Erholungskur, um dem Körper Gelegenheit zur Regeneration zu geben. Eine gute Idee wäre es deshalb, einen Salat- oder Obsttag einzulegen. Sommerliche Temperaturen würden dazu erst recht ermutigen, weil der Körper bei Hitze Belastendes noch weniger verträgt! Nicht vergessen: Kaufen Sie für diesen Zweck Früchte, die noch duften! Fast alle Früchte von guter Qualität riechen noch deutlich »nach sich selbst«.

19.31

Krebs
Neumond

Element:
Wasser
Tagesqualität:
Feuchte
Nahrungsqualität:
Kohlenhydrate
Pflanzenteil:
Blatt
Körperzone:
Brustbereich, Lunge
Organsystem:
Nervensystem

Dienstag 18 JULI

Element:
Wasser
Tagesqualität:
Feuchte
Nahrungsqualität:
Kohlenhydrate
Pflanzenteil:
Blatt
Körperzone:
Brustbereich, Lunge
Organsystem:
Nervensystem

Tipps für die Ernährung, wie sie für uns gedacht ist – aus unserem neuen Buch *Alpha-Omega-Formel*. Die »vegane Ernährung« weist eine entscheidende Lücke in ihren Ernährungsregeln auf, und das ist das Fehlen der Rücksichtnahme auf die beiden Ernährungstypen Alpha und Omega. Entscheidend ist, dass der Alpha-Typ pflanzliche Fette und Öle *auf Dauer* nicht verträgt, sondern stattdessen tierisches Fett (Butterschmalz, Ghee) für sein gesundheitliches Wohlergehen braucht. Tierisches Fett aber ist für Veganer nicht erlaubt. Damit beraubt sich die vegane Lebensweise der Chance, der Welt auf Dauer eine echte Hilfe zu sein, obwohl sie ansonsten ein Segen wäre.

Krebs
zunehmender Mond

Mittwoch 19 JULI

Moon Power für Garten, Feld und Wald. Zur Erinnerung: Die ungünstigste Zeit zur Unkrautbeseitigung sind die Löwetage im zunehmenden Mond, also heute und morgen. Diesen Zusammenhang können Sie aber auch zu Ihrem Vorteil nutzen: Bei Löwe schießt und keimt alles Unkraut, wenn es »berührt« wird. Hacken Sie einfach heute und morgen die betroffenen Areale, neu angelegte Beete etc., um. Das hat zur Folge, dass jeder noch so schwächliche Unkrautsame aufgeht. Zum günstigen Zeitpunkt bei abnehmendem Mond (ab 2. August) sollte dann gejätet werden – das Beet präsentiert sich für sehr lange Zeit unkrautfrei.

Element:
Feuer
Tagesqualität:
Wärme
Nahrungsqualität:
Eiweiß, Frucht
Pflanzenteil:
Frucht
Körperzone:
Herzregion, Kreislauf
Organsystem:
Sinnesorgane

Löwe
zunehmender Mond

Donnerstag

20

JULI

Element:
Feuer
Tagesqualität:
Wärme
Nahrungsqualität:
Eiweiß, Frucht
Pflanzenteil:
Frucht
Körperzone:
Herzregion, Kreislauf
Organsystem:
Sinnesorgane

Löwe
zunehmender Mond

Der besondere Tipp. Zur Erinnerung: »Nahrungsqualität Eiweiß« bedeutet: Wenn der Mond in Widder, Löwe oder Schütze steht, verträgt man eiweißreiche Speisen und Früchte entweder besser oder weniger gut als an anderen Tagen. Mit dieser Beobachtung können Sie Ihren persönlichen Ernährungsrhythmus entdecken. Kombinieren Sie die Erfahrung mit der Kenntnis Ihres eigenen Ernährungstyps – und die für Sie persönlich gesunde Ernährungsweise steht Ihnen zur Verfügung.

Freitag

21

JULI

Der Mond – Ihr guter Freund in Haushalt und Alltag. Ein Küchentipp am Verdauungstag »Jungfrau«: Alle Wurzelkräuter und Wurzelgemüse sollten erst vor dem Verbrauch oder der Weiterverarbeitung gewaschen werden. Das gilt besonders für Wurzeln, die getrocknet und später gemahlen werden sollen. Die heutige Mode, alle Wurzelgemüse blitzblank gewaschen anzubieten, hat zur Folge, dass die Erntefrüchte schon viel an Vitaminen und Energie verloren haben, bevor sie in Pfanne, Kochtopf und Teller landen. Das gilt besonders für die B-Vitamine, vor allem B_{12}, das für die Ernährung ohne tierisches Eiweiß sehr wichtig ist.

Jungfrau
zunehmender Mond

Element:
Erde
Tagesqualität:
Kälte
Nahrungsqualität:
Salz
Pflanzenteil:
Wurzel
Körperzone:
Verdauungsorgane
Organsystem:
Kreislauf

Element:
Erde
Tagesqualität:
Kälte
Nahrungsqualität:
Salz
Pflanzenteil:
Wurzel
Körperzone:
Verdauungsorgane
Organsystem:
Kreislauf

Samstag 22 JULI

Jungfrau
zunehmender Mond

Praktisches und Philosophisches rund um die Ernährung. Noch ein Spezialtipp für den »Verdauungstag« Jungfrau: Die Lebenskraft von Gemüse, das mit der Hand zerkleinert wird, ist höher als bei maschinell bearbeitetem. Allgegenwärtiger Zeitdruck und Schnellgerichte – zwei krankmachende Faktoren unserer Zeit. Machen Sie sich einmal den Spaß, die Zeit zu stoppen, die Sie brauchen, um eine Küchenmaschine hervorzuholen, zu benutzen und hinterher zu reinigen. Danach vergleichen Sie sie mit der Zeit, die Sie brauchen, um das Gemüse von Hand zu zerkleinern, mit einem guten Messer. Scharfe Messer gehören übrigens nicht in die Spülmaschine!

Sonntag 23 JULI

Einfach zum Nachdenken

»Totenstille« ist dem Menschen unheimlich.
Warum? Gehen da etwa Gespenster um?
Das wohl kaum.
Das, was in Wirklichkeit gefürchtet wird,
ist das, was vom eigenen Innern kommen könnte,
nämlich all das, was man sich durch den Lärm vom Hals
gehalten hat.

Carl Gustav Jung

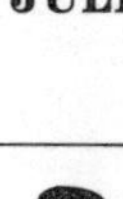

Jungfrau
zunehmender Mond

Element:
Erde
Tagesqualität:
Kälte
Nahrungsqualität:
Salz
Pflanzenteil:
Wurzel
Körperzone:
Verdauungsorgane
Organsystem:
Kreislauf

Montag

24

JULI

Element:
Luft
Tagesqualität:
Licht
Nahrungsqualität:
Fett
Pflanzenteil:
Blüte
Körperzone:
Hüfte, Nieren, Blase
Organsystem:
Drüsensystem

Waage
zunehmender Mond

Gesund bleiben, gesund werden. Waagetage im Sommer wirken zwar meist hell und luftig, doch zu Blasen- und Nierenentzündungen kommt es an diesen Tagen leichter, weil schon eine feuchte Badehose die Nieren- und Beckenregion belastet. Achten Sie deshalb besonders auf eine gute Durchwärmung dieser Körperzone. Übrigens: Besorgen Sie sich rechtzeitig Ihren Lieblings-Mondkalender 2024, der dieser Tage erscheint!

Dienstag

25

JULI

Gesund bleiben, gesund werden. Gut vorbereitet ist halb gewonnen: Der morgige Skorpiontag ist eine gute Gelegenheit, Schafgarbe zu pflücken und zu trocknen. Schafgarbe hilft später in Herbst und Winter gegen Kopfschmerzen und bei Frauenleiden. Die weißen Blumen sollten mit der Schere wie ein Blumenstrauß geschnitten werden. Zu Hause schüttelt man eventuelle kleine Käfer oder Mücken heraus, schneidet die weißen Doldenhüte ab und lässt sie auf Papier trocknen.

Waage
zunehmender Mond

Element:
Luft
Tagesqualität:
Licht
Nahrungsqualität:
Fett
Pflanzenteil:
Blüte
Körperzone:
Hüfte, Nieren, Blase
Organsystem:
Drüsensystem

Mittwoch

26

JULI

Element:
Wasser
Tagesqualität:
Feuchte
Nahrungsqualität:
Kohlenhydrate
Pflanzenteil:
Blatt
Körperzone:
Geschlechtsorgane
Organsystem:
Nervensystem

Skorpion
zunehmender Mond

Vom Auf und Ab der Organe im Tageslauf. Die Harnblase, ein wichtiges Entgiftungsorgan, arbeitet von drei bis fünf Uhr nachmittags besonders gut. Wenn Sie bei schönem Wetter einen Strauß weiße Taubnesseln sammeln und in eine Vase stellen, können Sie – vom Wetter unabhängig – viele Tage lang Blüten abzupfen und zu einem hervorragenden Blasentee verarbeiten, der vorbeugend gegen Blaseninfektionen wirkt, ideal zwischen drei und fünf Uhr nachmittags getrunken! Nebenbei bemerkt: Bei zunehmendem Mond im Skorpion gepflückte Kräuter ergeben den besten Heiltee.

Donnerstag

27

JULI

Der besondere Tipp. In unseren Büchern über das »Tiroler Zahlenrad« machen wir Sie ja mit der besonderen Kraft der Zahlen des Geburtsdatums bekannt, aber auch des aktuellen Datums. Wie gesagt: Weist ein Datum viele Zweier und/oder einen Siebener auf, wie etwa heute, dann liegen Leidenschaft und heißes Blut in der Luft, nicht nur wegen des eventuell heißen Wetters. Wer diese beiden Zahlen in seinem Geburtsdatum aufweist, neigt heute schneller zu Temperamentsausbrüchen als sonst, während man ohne diese Zahlen im Geburtsdatum die vorherrschenden Energien vielleicht sogar als besonders erfrischend erlebt.

Element:
Wasser
Tagesqualität:
Feuchte
Nahrungsqualität:
Kohlenhydrate
Pflanzenteil:
Blatt
Körperzone:
Geschlechtsorgane
Organsystem:
Nervensystem

Skorpion
zunehmender Mond

Freitag

28

JULI

Element:
Wasser
Tagesqualität:
Feuchte
Nahrungsqualität:
Kohlenhydrate
Pflanzenteil:
Blatt
Körperzone:
Geschlechtsorgane
Organsystem:
Nervensystem

Skorpion
zunehmender Mond

Der Mond – Ihr guter Freund in Haushalt und Alltag. Ein Tipp, wie Sie geschwächte Zimmerpflanzen nach dem Urlaub wieder auf Vordermann bringen: Das ist nicht schwer, und die grünen Hausgenossen werden in ein paar Tagen sicher wieder gesund und munter dastehen. Einfach an Blatttagen (Krebs, Skorpion, Fische) etwas zurückschneiden und dann auch nur an Blatttagen gießen. Wenn die grünen Hausgenossen schwer beleidigt sind, dann zwischendurch vielleicht auch an Wurzeltagen einmal gießen (Stier, Jungfrau, Steinbock). Aber nur am Anfang! Dass auch gutes Zureden bei Pflanzen hilfreich ist, haben Sie selbst sicher schon erfahren.

Samstag

29

JULI

Gesund bleiben, gesund werden. Drei Tage vor Vollmond können Sie wieder die gute Gelegenheit nutzen, einen Frucht- und Safttag einzulegen. Massagen tun heute besonders gut und lockern verkrampfte Muskeln. Muskelkater und »Pferdekuss« am Oberschenkel lassen sich mit einem Schwedenkräuter-Umschlag schnell beseitigen. An den Eiweißtagen Widder, Löwe und Schütze vertragen manche Menschen stark eiweißhaltige Speisen besonders gut, andere besonders schlecht. Beobachten Sie, ob Ihr Speiseplan auffällig viel oder wenig Eiweiß enthält und welche Wirkung das auf Sie hat.

Schütze
zunehmender Mond

Element:
Feuer
Tagesqualität:
Wärme
Nahrungsqualität:
Eiweiß, Frucht
Pflanzenteil:
Frucht
Körperzone:
Oberschenkel, Venen
Organsystem:
Sinnesorgane

Element:
Feuer
Tagesqualität:
Wärme
Nahrungsqualität:
Eiweiß, Frucht
Pflanzenteil:
Frucht
Körperzone:
Oberschenkel, Venen
Organsystem:
Sinnesorgane

Sonntag
30
JULI

Einfach zum Nachdenken

Das Leben ist ein Paradies,
und alle sind wir im Paradiese,
wir wollen es nur nicht wahrhaben;
wenn wir es aber wahrhaben wollten,
so würden wir morgen im Paradiese sein.

Fjodor Michailowitsch Dostojewski

Schütze
zunehmender Mond

Der Mond – Ihr guter Freund in Haushalt und Alltag. Wer heute im Haus etwas arbeiten möchte, angefangen vom Hausputz bis zu Renovierungsarbeiten aller Art, der sollte lieber noch einige Zeit warten, weil die Zeit dafür sehr ungünstig ist. Wenn unbedingt nötig, dann bitte nur ein »Notputz«. Ab übermorgen herrscht wieder 14 Tage lang grünes Licht für gründliches Arbeiten. Und auch noch wichtig: Feuchte Schmutzwäsche sollte heute nicht lange liegen bleiben, weil sie bei zunehmendem Mond schneller modrig wird. Das gilt besonders für feuchte Badetücher, Badehosen und Decken, die schnell zu schimmeln beginnen.

Montag
31
JULI

Element:
Erde
Tagesqualität:
Kälte
Nahrungsqualität:
Salz
Pflanzenteil:
Wurzel
Körperzone:
Knie, Knochen, Haut
Organsystem:
Kreislauf

Steinbock
zunehmender Mond

Dienstag

1

AUGUST

Schweizer Nationalfeiertag

Element:
Erde
Tagesqualität:
Kälte
Nahrungsqualität:
Salz
Pflanzenteil:
Wurzel
Körperzone:
Knie, Knochen, Haut
Organsystem:
Kreislauf

19.30

Steinbock
Vollmond

Einfach zum Nachdenken

Armut bringt uns in die engste Berührung
mit dem Leben und der Welt; denn als Reicher leben
heißt meistens durch Stellvertreter leben
und daher in einer Welt von geringerer Wirklichkeit.

Rabindranath Tagore

Mittwoch

2

AUGUST

Fit zum richtigen Zeitpunkt – an Wassermanntagen. Der »Oberlehrer«: Wippen Sie mit den Füßen im Stehen auf und ab, halten Sie dabei die Knie gestreckt. Abwechselnd Zehenspitzen hoch, Fersen hoch, Zehenspitzen hoch, Fersen hoch und so fort. Siebenmal auf und ab. Dann erst Pause machen. Dabei gleichmäßig weiteratmen. Die Übung ist wirksam mit oder ohne Abstützen, wenn das Gleichgewicht noch fehlt. Wiederholen Sie die Übung, so oft es Ihr Gefühl Ihnen sagt. Eine wunderbare Übung für den unbehinderten Rückfluss in den Venen und bei Lymphstau.

Wassermann
abnehmender Mond

Element:
Luft
Tagesqualität:
Licht
Nahrungsqualität:
Fett
Pflanzenteil:
Blüte
Körperzone:
Unterschenkel, Venen
Organsystem:
Drüsensystem

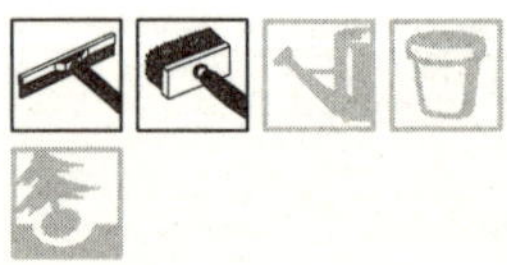

Element:
Luft
Tagesqualität:
Licht
Nahrungsqualität:
Fett
Pflanzenteil:
Blüte
Körperzone:
Unterschenkel, Venen
Organsystem:
Drüsensystem

Donnerstag
3
AUGUST

Umwelt und Klima – gesunder Menschenverstand und Mondkalender helfen mit. Wer auf tierisches Eiweiß in seiner Nahrung verzichtet, schützt nicht nur seine Gesundheit, sondern auch die Rohstoffe der Welt! Allein in den USA geht ein Drittel des gesamten Rohstoffverbrauchs zu Lasten der Produktion von Fleisch, Milch, Milchprodukten und Eiern. Die Produktion von Gemüse, Obst und Getreide macht nur 5 Prozent des Rohstoffverbrauchs aus.

Wassermann
abnehmender Mond

Freitag
4
AUGUST

Gesund bleiben, gesund werden. Fragen Sie nach oder schauen Sie auf die Verpackung: Enthält das geliebte Vanilleeis echte Vanille, oder ist es »Vanillin«, ein chemisches Produkt, das mit echter Vanille nichts gemein hat. Vanillin sorgt dafür, dass manche Eisliebhaber während der ganzen Eis-Saison regelmäßig von Kopfschmerzen geplagt werden. Besonders in den Fischetagen, weil dann schädliche Chemie stärker wirkt als sonst.

Element:
Wasser
Tagesqualität:
Feuchte
Nahrungsqualität:
Kohlenhydrate
Pflanzenteil:
Blatt
Körperzone:
Füße, Zehen
Organsystem:
Nervensystem

Fische
abnehmender Mond

Samstag

5

AUGUST

Element:
Wasser
Tagesqualität:
Feuchte
Nahrungsqualität:
Kohlenhydrate
Pflanzenteil:
Blatt
Körperzone:
Füße, Zehen
Organsystem:
Nervensystem

Fische
abnehmender Mond

Der Mond – Ihr guter Freund in Haushalt und Alltag. Ab morgen herrschen zwei Tage lang ideale Bedingungen zum Einmachen von Obst und Gemüse, für Pickles, Chutneys etc. Die guten Dinge sind jetzt überall reif. Wer auf dem Land lebt, sollte die Früchte des Waldes selbst pflücken (Himbeeren, Heidelbeeren, Walderdbeeren). Sie können völlig auf Chemie verzichten und tun damit sich selbst und Ihren Lieben etwas wirklich Gutes. Auch Kompotte, Marmeladen und Säfte – alles gelingt gut, bleibt aromatisch und haltbar. Bei Wildsammlung aber bitte behutsam mit der Natur umgehen.

Sonntag

6

AUGUST

Einfach zum Nachdenken. Wie das Weltgeschehen zeigt, sind wir weit davon entfernt, die Kunst menschlicher Beziehungen zu meistern … Nach zwei Weltkriegen, dem Holocaust, mehreren Völkermorden und zahllosen Konflikten müssen wir uns fragen, wie lange es noch dauern wird, bis wir die nationalen, rassischen und Geschlechtsunterschiede hinter uns lassen, die uns trennen, und die gemeinsame Menschlichkeit annehmen, die uns aneinanderbindet. Die Antwort liegt nicht in den Sternen oder bei irgendwelchen geheimnisvollen Kräfte der Geschichte; sie hängt von den Entscheidungen ab, die Sie treffen, die ich treffe, die wir alle treffen. *Madeleine Albright*

Widder
abnehmender Mond

Element:
Feuer
Tagesqualität:
Wärme
Nahrungsqualität:
Eiweiß, Frucht
Pflanzenteil:
Frucht
Körperzone:
Kopfbereich bis Oberkiefer
Organsystem:
Sinnesorgane

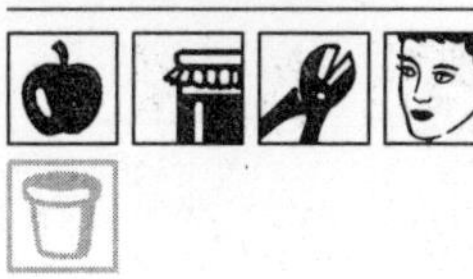

Element:
Feuer
Tagesqualität:
Wärme
Nahrungsqualität:
Eiweiß, Frucht
Pflanzenteil:
Frucht
Körperzone:
Kopfbereich bis Oberkiefer
Organsystem:
Sinnesorgane

Montag

7

AUGUST

Moon Power für Garten, Feld und Wald. Hohe Marienfeiertage werden in manchen Regionen auch als Frauentage bezeichnet. Ein merkwürdiger Zusammenhang: Diese Tage sind sehr bedeutsam für die Holzgewinnung, weil an diesen Tagen eine besondere Holzqualität erzielt werden kann. Ein »Hoher Frautag« ist auch der kommende 15. August, an dem traditionell in vielen Regionen die Kräuterweihe stattfindet. Das ist sicherlich der Tatsache zu verdanken, dass alljährlich die Zeit zwischen dem morgigen 8. August und dem 15. August die beste Zeit für das Sammeln von Heilkräutern ist. Also morgen damit beginnen!

Widder
abnehmender Mond

Der besondere Tipp. In unseren beiden Büchern zum »Tiroler Zahlenrad« machen wir Sie auch mit der besonderen Kraft der Zahlen des aktuellen Datums bekannt. Weist ein Datum wie heute mehrere Achter (und/oder Dreier, häufig im März und August) auf, dann sind Gefühlswelt, Musikalität und intuitive Fähigkeiten stärker berührt. Hat man diese beiden Zahlen auch noch im Geburtsdatum, dann besteht die Neigung, aus einer unbedachten Gefühlsregung zu handeln, deren Folgen man bereut. Ohne diese Zahlen im Geburtsdatum fällt es an diesen Tagen leichter, auch einmal tiefere Gefühle zuzulassen.

Dienstag

8

AUGUST

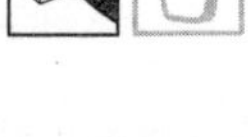

Element:
Erde
Tagesqualität:
Kälte
Nahrungsqualität:
Salz
Pflanzenteil:
Wurzel
Körperzone:
Unterkiefer, Halsregion
Organsystem:
Kreislauf

Stier
abnehmender Mond

Mittwoch

9

AUGUST

Element:
Erde
Tagesqualität:
Kälte
Nahrungsqualität:
Salz
Pflanzenteil:
Wurzel
Körperzone:
Unterkiefer, Halsregion
Organsystem:
Kreislauf

Stier
abnehmender Mond

Gesund bleiben, gesund werden. In zahllosen Gärten trägt in diesen Tagen ein kundig bedienter Grill zur allgemeinen guten Laune nach Feierabend bei. Wenn Sie eine salzarme Diät einhalten müssen, kann es sein, dass Sie gerade heute Lust auf Würziges empfinden. Leider ist man an Stiertagen empfindlicher gegenüber den negativen Folgen salzreicher Kost. Die Info lässt vielleicht die Selbstbeherrschung leichter fallen. Der positive Einfluss des Mondes: Heute schwitzen Sie stärker und entschlacken gut. Damit Sie nicht zu viele Mineralien verlieren, sollten Sie besonders viel trinken.

Donnerstag

10

AUGUST

Vom Auf und Ab der Organe im Tageslauf. Von 17 bis 19 Uhr arbeitet ein zentrales Entgiftungsorgan, die Nieren, am besten, also in dieser Zeit viel trinken! Nach 19 Uhr sollte möglichst nicht mehr viel getrunken werden, besonders nicht vor dem Schlafengehen. Speziell Kakao oder Milch belasten die Nieren, weil Milch nicht mehr gut verarbeitet wird. Die warme Milch vor dem Schlafengehen schadet mehr, als sie nutzt! Sie macht nicht auf natürliche und gesunde Weise müde, sondern sie betäubt! Wundern Sie sich dann nicht über schweren Schlaf und schlechte Träume.

Zwillinge
abnehmender Mond

Element:
Luft
Tagesqualität:
Licht
Nahrungsqualität:
Fett
Pflanzenteil:
Blüte
Körperzone:
Schultern, Arme, Hände
Organsystem:
Drüsensystem

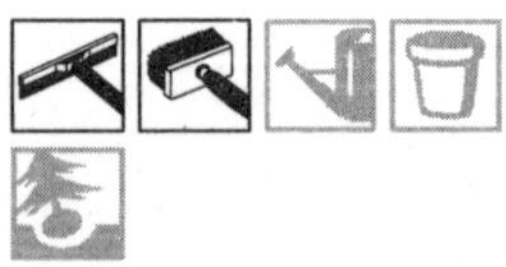

Element:
Luft
Tagesqualität:
Licht
Nahrungsqualität:
Fett
Pflanzenteil:
Blüte
Körperzone:
Schultern, Arme, Hände
Organsystem:
Drüsensystem

Freitag 11 AUGUST

Zwillinge
abnehmender Mond

LeserInnen schreiben uns. Sabina aus Lippstadt: »Euer Tipp, nicht einen, sondern zwei Kirschbäume zu setzen, die sich gegenseitig befruchten, hat's gebracht. Inzwischen habe ich euer Buch *Der lebendige Garten* schon oft verschenkt und mit ihm meine berühmte Kirschmarmelade, weil wir nicht so viel essen können, wie uns die Bäume schenken.«

Samstag 12 AUGUST

LeserInnen fragen, der Mond antwortet. »Kürzlich habe ich ein wertvolles Top mit Sonnenmilch verfärbt. Haben Sie einen Tipp, wie ich es sauber bekomme?« Ab jetzt bei abnehmendem Mond eventuell zweimal an Wassertagen waschen, also vielleicht heute und morgen. Dieser Tipp gilt für jede Problemwäsche, beispielsweise für Tischdecken von Grillabenden, Ketchupflecken usw. Im Sommer kommt oft noch das Problem mit Mückenstichen hinzu, was zu Blutflecken führen kann. Solche Flecken ebenfalls zum richtigen Zeitpunkt waschen, aber in diesem Fall immer zuerst kalt einweichen!

Element:
Wasser
Tagesqualität:
Feuchte
Nahrungsqualität:
Kohlenhydrate
Pflanzenteil:
Blatt
Körperzone:
Brustbereich, Lunge
Organsystem:
Nervensystem

Krebs
abnehmender Mond

Sonntag

13

AUGUST

Element:
Wasser
Tagesqualität:
Feuchte
Nahrungsqualität:
Kohlenhydrate
Pflanzenteil:
Blatt
Körperzone:
Brustbereich, Lunge
Organsystem:
Nervensystem

Krebs
abnehmender Mond

Einfach zum Nachdenken

Wie oft werden wir von einem scharf ins Auge gefassten Ziel abgelenkt, um ein höheres zu erreichen! Der Reisende bricht unterwegs zu seinem höchsten Verdruss ein Rad und gelangt durch diesen unangenehmen Zufall zu den erfreulichsten Bekanntschaften und Verbindungen, die auf sein ganzes Leben Einfluss haben. Das Schicksal gewährt uns unsere Wünsche, aber auf seine Weise.

Johann Wolfgang von Goethe

Montag

14

AUGUST

Gesund bleiben, gesund werden. Kein Mondstand im Tierkreis beeinflusst Herz und Kreislauf stärker als das Tierkreiszeichen Löwe, spürbar an vielen Kleinigkeiten: schlechterer Schlaf, größere Reizbarkeit, mehr Wagemut. An Löwetagen im August, also morgen bis Donnerstag, sollten Sie sich vor großen körperlichen Anstrengungen hüten, wenn Sie nicht gut austrainiert sind. Auch die Sonne hält sich im Tierkreiszeichen Löwe auf, was die Wirkung auf den Kreislauf noch verstärkt. Gut informiert ist gut vorbereitet: Gehen Sie es also gelassen an und muten Sie Herz und Kreislauf so wenig Überlastung wie möglich zu.

Krebs
abnehmender Mond

Element:
Wasser
Tagesqualität:
Feuchte
Nahrungsqualität:
Kohlenhydrate
Pflanzenteil:
Blatt
Körperzone:
Brustbereich, Lunge
Organsystem:
Nervensystem

Element:
Feuer
Tagesqualität:
Wärme
Nahrungsqualität:
Eiweiß, Frucht
Pflanzenteil:
Frucht
Körperzone:
Herzregion, Kreislauf
Organsystem:
Sinnesorgane

Dienstag

15

AUGUST

Mariä Himmelfahrt

Löwe
abnehmender Mond

Einfach zum Nachdenken

Ein jedes Werk,
das nicht auf Liebe gegründet ist,
trägt den Keim des Todes in sich
und geht seinem Ruin entgegen.

Johann Heinrich Pestalozzi

Der besondere Tipp. Aus dem Mondkalender-Einmaleins: Wir haben es schon öfters angedeutet – die genaue Minute von Neumond und Vollmond ist nicht ohne Bedeutung. Heute wechselt der Mond schon früh in den zunehmenden Mond, sodass man eigentlich den gestrigen Tag als »Neumond«-Tag bezeichnen müsste. Wie die Leser unserer Bücher wissen, ist dies für eine Vielzahl von Tätigkeiten von Bedeutung, etwa wenn es um Operationen geht, deren Termine man planen kann. Sie sind ab heute 14 Tage lang nicht so ratsam, wenn ohne Probleme planbar.

Mittwoch

16

AUGUST

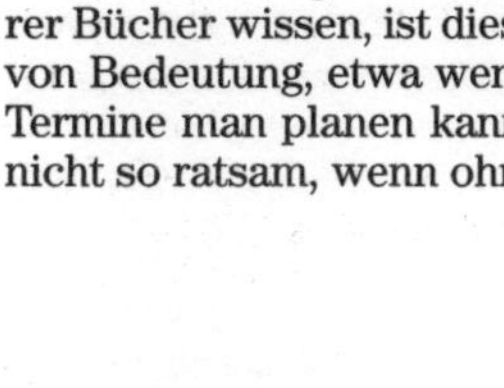

Element:
Feuer
Tagesqualität:
Wärme
Nahrungsqualität:
Eiweiß, Frucht
Pflanzenteil:
Frucht
Körperzone:
Herzregion, Kreislauf
Organsystem:
Sinnesorgane

10.37

Löwe
Neumond

Donnerstag

17

AUGUST

Element:
Feuer
Tagesqualität:
Wärme
Nahrungsqualität:
Eiweiß, Frucht
Pflanzenteil:
Frucht
Körperzone:
Herzregion, Kreislauf
Organsystem:
Sinnesorgane

Löwe
zunehmender Mond

Rezepte aus unserem neuen Buch *Alpha-Omega-Formel* – Kreuzkümmel-Kartoffeln. Was Sie brauchen: ca. 4 mittelgroße Kartoffeln, gekocht, geschält und in 2 cm große Würfel geschnitten * ½ TL Kreuzkümmel, ganz * ½ EL Ghee oder Butterschmalz * 2 TL Koriander, gemahlen * ½ TL Chilipulver * ½ TL Mangopulver * Salz nach Belieben * 2 EL Koriandergrün, gehackt. **Und so geht's:** Die Kartoffeln sind fertig und gewürfelt? Dann rösten Sie den Kreuzkümmel im geschmolzenen und heißen Ghee in der Pfanne, bis er duftet und springt. Kartoffeln zugeben, ebenso Koriander, Chilipulver und Mangopulver. *(Lesen Sie morgen weiter)*

Freitag

18

AUGUST

(Fortsetzung von gestern) Nach Belieben salzen. Gut mischen und bei kleiner Hitze etwa 5 Minuten braten. Dabei gelegentlich umrühren. Koriandergrün zugeben, 30 Sekunden weiter garen und heiß servieren. Tipps: Das Originalrezept verlangt als zusätzliches Gewürz ½ TL Asafoetida, den man zusammen mit dem Kreuzkümmel anröstet. Wir lieben diesen besonderen, exotischen Pfiff, das Gewürz ist nur nicht überall zu bekommen. Diese Kartoffeln schmecken uns besonders gut zu Sauerkraut und pflanzlichen Nürnberger Würstchen. Diverse Chutneys als Begleitung nicht vergessen!

Jungfrau
zunehmender Mond

Element:
Erde
Tagesqualität:
Kälte
Nahrungsqualität:
Salz
Pflanzenteil:
Wurzel
Körperzone:
Verdauungsorgane
Organsystem:
Kreislauf

Samstag 19 AUGUST

Element:
Erde
Tagesqualität:
Kälte
Nahrungsqualität:
Salz
Pflanzenteil:
Wurzel
Körperzone:
Verdauungsorgane
Organsystem:
Kreislauf

Jungfrau
zunehmender Mond

Praktisches und Philosophisches rund um die Ernährung – Tipps zu Einkauf und Lagerung, Teil 2. Bei hohen Temperaturen im Sommer ist generell die Vorratshaltung schwieriger. Besonders den Jungfrautagen im Mondkalender sollten Sie aus dem Weg gehen, wenn Sie auf Vorrat einkaufen. Bitte dann auch keine gekochten Speisen für den nächsten Tag aufbewahren. Wenn auch noch Gewitter im Anmarsch sind, kann Gekochtes sogar schon am selben Tag verderben! Bedenken Sie, dass der Körper im Sommer ohnehin mehr Frisches liebt, von Natur aus lange Lagerfähiges dagegen nicht so sehr.

Sonntag 20 AUGUST

Einfach zum Nachdenken. Patrik Baboumian, einer der stärksten Männer der Welt, isst seit Jahrzehnten kein Eiweiß aus tierischer Quelle. Er kann 625 kg, das Gewicht eines Pferdes, zehn Meter weit tragen. Eine Hantel mit 85 kg Gewicht stemmt er mit einer Hand. Manchmal fragt man ihn, wie das sein kann, stark wie ein Ochse zu werden, ohne Fleisch zu essen. »Hast du schon mal einen Ochsen gesehen, der Fleisch isst?«, lautet seine Routineantwort.

Element:
Luft
Tagesqualität:
Licht
Nahrungsqualität:
Fett
Pflanzenteil:
Blüte
Körperzone:
Hüfte, Nieren, Blase
Organsystem:
Drüsensystem

Waage
zunehmender Mond

Montag

21

AUGUST

Element:
Luft
Tagesqualität:
Licht
Nahrungsqualität:
Fett
Pflanzenteil:
Blüte
Körperzone:
Hüfte, Nieren, Blase
Organsystem:
Drüsensystem

Waage
zunehmender Mond

LeserInnen schreiben uns. Maria aus La Paz/ Bolivien auf Englisch: »Danke für die Beantwortung meiner Fragen. Seit wir bei unseren Aufforstungsprojekten mit eurem Buch ›La Influencia de la Luna‹ (*Vom richtigen Zeitpunkt*) arbeiten, hat sich der Anteil der Ausfälle fast auf null verringert. Alles ist ganz wunderbar angewachsen!«

Dienstag

22

AUGUST

Gesund bleiben, gesund werden. Negativer Stress entsteht meist als Resultat vieler unscheinbarer »Kleinigkeiten«. Zu den berühmten »letzten Tropfen«, die das Fass zum Überlaufen bringen, gehört zum Beispiel längeres Telefonieren mit einem sehr negativen Menschen, ohne sich danach unter kaltem Wasser die Hände zu waschen. Der Sinn dieses Ratschlags erschließt sich von selbst, wenn Sie es sich zur Gewohnheit machen, öfter nach längeren Telefonaten die Hände zu waschen. Wie fühlen Sie sich im Vergleich?

Element:
Luft
Tagesqualität:
Licht
Nahrungsqualität:
Fett
Pflanzenteil:
Blüte
Körperzone:
Hüfte, Nieren, Blase
Organsystem:
Drüsensystem

Waage
zunehmender Mond

Element:
Wasser
Tagesqualität:
Feuchte
Nahrungsqualität:
Kohlenhydrate
Pflanzenteil:
Blatt
Körperzone:
Geschlechtsorgane
Organsystem:
Nervensystem

Mittwoch 23 AUGUST

Der besondere Tipp. Ein Skorpion-Spezialtipp: Wir bekommen oft die naheliegende Frage gestellt, ob und in welcher Weise der Mond eine Rolle im Liebesleben spielt. Nun, wir sind der Meinung, dass man gar nicht genug Liebe geben und empfangen kann. Der Mond sollte dabei nur eine kleine Nebenrolle spielen, wenn überhaupt. Ein kleiner Hinweis sei erlaubt: Am heutigen Skorpion bei zunehmendem Mond – da sollte sich niemand wundern, wenn man mitten im August Frühlingsgefühle erlebt. Und so mancher Kinderwunsch geht genau bei diesem Mondstand in Erfüllung.

Skorpion
zunehmender Mond

Donnerstag 24 AUGUST

Moon Power für Garten, Feld und Wald. Walnüsse ernten Sie am besten bei zunehmendem Mond an Schütze. In erster Linie sollten Sie das Tierkreiszeichen Jungfrau meiden, aber auch Fische und Krebs sind nicht günstig. Suchen Sie für die Ernte eine trockene Stelle draußen für die Zwischenlagerung. So bleiben die Walnüsse schön glatt, sie schrumpeln nicht so stark ein. Zum endgültigen Lagern und Verbrauchen bringen Sie die Nüsse bis Oktober bei Widder und später bei Löwe ins Haus. So behalten sie ihr Aroma und den feinen Geschmack.

Element:
Wasser
Tagesqualität:
Feuchte
Nahrungsqualität:
Kohlenhydrate
Pflanzenteil:
Blatt
Körperzone:
Geschlechtsorgane
Organsystem:
Nervensystem

Skorpion
zunehmender Mond

Freitag

25

AUGUST

Element:
Feuer
Tagesqualität:
Wärme
Nahrungsqualität:
Eiweiß, Frucht
Pflanzenteil:
Frucht
Körperzone:
Oberschenkel, Venen
Organsystem:
Sinnesorgane

Schütze
zunehmender Mond

Humor ist gute Medizin. In der Biografie der Lady Nancy Astor, die als erste Frau in das britische Parlament einzog, findet sich folgende Erinnerung an ihre Streitgespräche mit Winston Churchill. Im Eifer einer Diskussion sagte sie zu dem damaligen Marineminister: »Wäre ich Ihre Frau, Mister Churchill, so würde ich Ihren Kaffee vergiften!« Darauf Churchill: »Und wäre ich wirklich Ihr Mann, Lady Nancy, würde ich den Kaffee ohne Zögern trinken!«

Samstag

26

AUGUST

Fragen an den Mondkalender. »Wie kann ich Marmeladen ohne jegliche Süßungsmittel herstellen?« Ja, solche Marmeladen halten nicht lange, weil Zucker gleichzeitig als Haltbarmacher dient. Bei abnehmendem Mond aber beträgt die Haltbarkeit ohne Zucker im Kühlschrank mindestens eine Woche. Gleich nach dem Kochen in Schraubgläser füllen, fest verschließen und nach dem Abkühlen in den Kühlschrank stellen. Die Marmelade bleibt zwar eher dünnflüssig, Sie können aber auch ein bis zwei geriebene, säuerliche Bio-Äpfel mitkochen, so geliert die Marmelade etwas. Flohsamen mitkochen funktioniert auch gut.

Schütze
zunehmender Mond

Element:
Feuer
Tagesqualität:
Wärme
Nahrungsqualität:
Eiweiß, Frucht
Pflanzenteil:
Frucht
Körperzone:
Oberschenkel, Venen
Organsystem:
Sinnesorgane

Element:
Erde
Tagesqualität:
Kälte
Nahrungsqualität:
Salz
Pflanzenteil:
Wurzel
Körperzone:
Knie, Knochen, Haut
Organsystem:
Kreislauf

Sonntag

27

AUGUST

Einfach zum Nachdenken

Vergebung verändert nicht die Vergangenheit,
aber sie bereichert die Zukunft!

Les Brown

Steinbock
zunehmender Mond

Gesund bleiben, gesund werden. Am »Knochentag« Steinbock ein Tipp: Aus den »Schüßler-Salzen« für Ihre Gesundheit die Nr. 1: Calcium fluoratum D 12, ein prima Gefäß- und Elastizitätsmittel. Calciumfluorid findet sich im Körper in den Knochen, in Oberhautzellen und elastischen Fasern und ist auch wichtig für den Aufbau der kleinen Gefäße, weil es dem Gewebe Stabilität verleiht. Bei Krampfadern, Zahnkaries, Bandscheibenleiden, Haltungsschwäche, Organsenkungen usw. kann es begleitend gute Dienste leisten. Fluor baut auch abgelagerten Kalk ab, daher ist es wichtig bei Verkalkungen.

Montag

28

AUGUST

Element:
Erde
Tagesqualität:
Kälte
Nahrungsqualität:
Salz
Pflanzenteil:
Wurzel
Körperzone:
Knie, Knochen, Haut
Organsystem:
Kreislauf

Steinbock
zunehmender Mond

Dienstag

29

AUGUST

Element:
Luft
Tagesqualität:
Licht
Nahrungsqualität:
Fett
Pflanzenteil:
Blüte
Körperzone:
Unterschenkel, Venen
Organsystem:
Drüsensystem

Wassermann
zunehmender Mond

Vom Auf und Ab der Organe im Tageslauf. Viele Eltern dürfen täglich die Erfahrung machen: Wenn es ihnen gelingt, die Kinder vor 19 Uhr zu Bett zu bringen, schlafen sie oft unproblematisch ein. Nach diesem Zeitpunkt wächst sich das Zubettschicken oftmals zu einem harten Kampf aus, den die Kinder fast immer auf die eine oder andere Art gewinnen, weil man niemanden zum Schlafen zwingen kann. Nicht ohne Grund: Von 19 bis 21 Uhr arbeitet der Kreislauf am besten. In dieser Zeit haben Körper und Geist oftmals ganz andere Dinge im Sinn als Schlaf.

Mittwoch

30

AUGUST

LeserInnen schreiben uns. Antonia aus Rosenheim: »Das Schneckenvorwort aus dem Buch *Der lebendige Garten* ist genial, weil es mich tatsächlich inspiriert hat, es einmal auszuprobieren, im Garten nicht zu gießen. Erstens kommen keine Schnecken mehr, und zweitens, und das war wirklich unerwartet, schmeckt alles viel besser, besonders die Tomaten.«

Wassermann
zunehmender Mond

Element:
Luft
Tagesqualität:
Licht
Nahrungsqualität:
Fett
Pflanzenteil:
Blüte
Körperzone:
Unterschenkel, Venen
Organsystem:
Drüsensystem

Donnerstag 31 AUGUST

Element:
Wasser
Tagesqualität:
Feuchte
Nahrungsqualität:
Kohlenhydrate
Pflanzenteil:
Blatt
Körperzone:
Füße, Zehen
Organsystem:
Nervensystem

02.36

Fische
Vollmond

Fit zum richtigen Zeitpunkt – an Fischetagen. Das »Zehengreifen«: Heben Sie Gegenstände – Kugelschreiber, Socken usw. – mit den Zehen auf, mindestens sieben Mal. Sollte sich dabei ein kleiner Krampf einstellen, sofort aufhören und die Zehen fest nach oben biegen. Atmen Sie während der Übung regelmäßig und tief.

Freitag 1 SEPTEMBER

Der besondere Tipp. Sie wissen ja: Allmonatlich ist der Neumondtag ideal für einen Neubeginn jeglicher Art. Aber auch im Jahreslauf gibt es zwei ideale Zeitpunkte, die völlig unabhängig vom Mondstand einen positiven Anstoß auf alle neuen Vorhaben mitgeben: Der 2. Februar und der heutige 1. September! Wenn Sie jetzt nach der Urlaubszeit den Schwung der Erholung in die Zukunft retten wollen, treten Sie zum Beispiel einem Fitnessclub bei oder entwickeln Sie einen persönlichen Plan zur Erhaltung Ihrer Kondition. Freude an allem Neuen zu gewinnen und zu behalten, das fällt heute leichter.

Element:
Wasser
Tagesqualität:
Feuchte
Nahrungsqualität:
Kohlenhydrate
Pflanzenteil:
Blatt
Körperzone:
Füße, Zehen
Organsystem:
Nervensystem

Fische
abnehmender Mond

Samstag

2

SEPTEMBER

Element:
Feuer
Tagesqualität:
Wärme
Nahrungsqualität:
Eiweiß, Frucht
Pflanzenteil:
Frucht
Körperzone:
Kopfbereich bis Oberkiefer
Organsystem:
Sinnesorgane

Widder
abnehmender Mond

Der Mond – Ihr guter Freund in Haushalt und Alltag. Heute und morgen wären zum Beispiel ideale Zeitpunkte, um die Früchte dieses Sommers zu Marmelade, Chutneys und dergleichen zu verarbeiten. Das Aroma bleibt erhalten, und die Haltbarkeit ist auf natürlichem Weg viel höher als etwa bei zunehmendem Mond. Nicht vergessen: Zitronensäure kann Aluminium anlösen und Aluminiumzitrat bilden. Das hat im Körper eine Giftwirkung, die sogar Gehirnzellen schädigen kann. Im Laden also auf die Inhaltsstoffe achten: Zitronensäure und Alu-Behälter in Kombination meiden!

Sonntag

3

SEPTEMBER

Einfach zum Nachdenken

Der Buddha sagte:
Wenn ein weiser Mensch leidet,
so fragt er sich: »Was habe ich getan,
um mich von meinem Leiden zu befreien?
Was kann ich noch tun, um es zu überwinden?«
Wenn aber ein törichter Mensch leidet,
so fragt er: »Wer hat mir das angetan?«

Thich Nhat Hanh

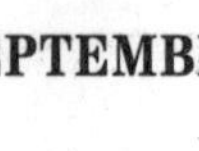

Widder
abnehmender Mond

Element:
Feuer
Tagesqualität:
Wärme
Nahrungsqualität:
Eiweiß, Frucht
Pflanzenteil:
Frucht
Körperzone:
Kopfbereich bis Oberkiefer
Organsystem:
Sinnesorgane

Montag 4 SEPTEMBER

Element:
Erde
Tagesqualität:
Kälte
Nahrungsqualität:
Salz
Pflanzenteil:
Wurzel
Körperzone:
Unterkiefer, Halsregion
Organsystem:
Kreislauf

Stier
abnehmender Mond

Gesund bleiben, gesund werden. Grundsätzlich ist die Zeit des abnehmenden Mondes – von Vollmond bis Neumond – günstig für einen Besuch beim Zahnarzt, gleichgültig, um welche Form der Behandlung es geht. Mit zwei Ausnahmen: Wenn der Mond das Zeichen Stier oder Widder durchwandert. Es gibt heute schon unzählige Zahnärzte, die nicht mehr abfällig reagieren, wenn Sie Ihren Termin nach dem Mondstand richten. Ihre Neugier ließ sie inzwischen genügend positive Erfahrungen sammeln. Einer hat darüber sogar schon einen Artikel im Fachblatt geschrieben (wir senden ihn gerne zu, einfach an vrz@aon.at schreiben).

Dienstag 5 SEPTEMBER

Der Mond – Ihr guter Freund in Haushalt und Alltag. Manchmal müssen Schrauben nachgezogen werden – bei Ikea-Möbeln, bei Holztreppen einige Jahre nach dem Errichten usw. Tun Sie das unbedingt bei abnehmendem Mond, besser noch kurz vor Neumond, ideal bei Stier oder Steinbock. Diese Schrauben lockern sich viel seltener beziehungsweise gar nicht mehr.

Element:
Erde
Tagesqualität:
Kälte
Nahrungsqualität:
Salz
Pflanzenteil:
Wurzel
Körperzone:
Unterkiefer, Halsregion
Organsystem:
Kreislauf

Stier
abnehmender Mond

Mittwoch

6

SEPTEMBER

Element:
Luft
Tagesqualität:
Licht
Nahrungsqualität:
Fett
Pflanzenteil:
Blüte
Körperzone:
Schultern, Arme, Hände
Organsystem:
Drüsensystem

Zwillinge
abnehmender Mond

Praktisches und Philosophisches rund um die Ernährung – Tipps zu Einkauf und Lagerung, Teil 3. Damit Öle nicht ranzig werden: Nur Olivenöl sollte zugekorkt werden, alle anderen Öle mit einem doppelten Leinenläppchen bedecken, das Sie mit einem Gummi befestigen, dann werden sie längere Zeit nicht ranzig. Generell nur kleine Mengen kaufen. * Frische Butter: Können Sie wochenlang haltbar machen, wenn Sie Salzwasser kochen, abkühlen lassen und dann die Butter einlegen. * Gekochte Kartoffeln halten sich lange heiß und frisch, wenn der Topf in heißes Wasser gestellt und mit einem sauberen Küchentuch zugedeckt wird. Darauf kommt dann der passende Topfdeckel.

Donnerstag

7

SEPTEMBER

Gesund bleiben, gesund werden. Grundsätzlich ist die Zeit des abnehmenden Mondes günstig für einen Besuch beim Zahnarzt, fast gleichgültig, um welche Form der Behandlung es geht (mit wenigen Ausnahmen, etwa wenn der Mond das Zeichen Stier durchwandert). Nur beim Anpassen von Prothesen ist es sinnvoller bei zunehmendem Mond, um Druckstellen zu vermeiden. Es gibt heute schon unzählige Zahnärzte, die nicht mehr abfällig reagieren, wenn Sie Ihren Termin nach dem Mondstand richten. Erstens gibt es immer noch genug zu tun bei zunehmendem Mond, und zweitens haben die meisten Ärzte inzwischen gute Erfahrungen gesammelt.

Zwillinge
abnehmender Mond

Element:
Luft
Tagesqualität:
Licht
Nahrungsqualität:
Fett
Pflanzenteil:
Blüte
Körperzone:
Schultern, Arme, Hände
Organsystem:
Drüsensystem

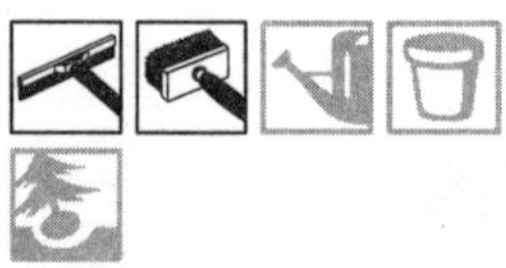

Freitag

8

SEPTEMBER

Element:
Luft
Tagesqualität:
Licht
Nahrungsqualität:
Fett
Pflanzenteil:
Blüte
Körperzone:
Schultern, Arme, Hände
Organsystem:
Drüsensystem

Zwillinge
abnehmender Mond

Moon Power für Garten, Feld und Wald. Ein zeitgerechter Tipp zur Kraft des Mondes im Garten: Mulch (Laub, Rindenstücke usw.) soll sich mit dem Erdreich verbinden, um schwächendem Unkraut keine Chance zu geben und die Erde feucht zu halten. Gerade an abschüssigen Plätzen sollte man unbedingt zum richtigen Zeitpunkt mulchen, nämlich bei abnehmendem Mond. So lässt sich auch die Erosion an schrägen Böden verhindern. Bei zunehmendem Mond dagegen verwehen Laub und Mulchmaterial. Gleichzeitig schädigt man beim Zusammenrechen oftmals andere Kleinpflanzen am Boden, das Laubwerk verfault, Pilzgefahr besteht.

Samstag

9

SEPTEMBER

Gesund bleiben, gesund werden. Neben kalten Füßen und kalten Nieren wird kaum ein Krankheitsauslöser so sehr unterschätzt wie eine Auskühlung der Brustregion. Das Unterschätzen ist so verbreitet und geht so weit, dass viele Kleidungsstücke genau diese Körperzone unbedeckt lassen. Westen mit V-Ausschnitt, Jacketts usw., was auch immer die Brustregion frei lässt – es sind Einladungen an die Erkältungsviren. Sogar Kinderärzte lassen Säuglinge bei Routinebesuchen unbekleidet liegen, bevor sie sich zur Untersuchung bequemen. Achten Sie stets auf eine gute Durchwärmung der Brust, besonders aber an den Krebstagen!

Element:
Wasser
Tagesqualität:
Feuchte
Nahrungsqualität:
Kohlenhydrate
Pflanzenteil:
Blatt
Körperzone:
Brustbereich, Lunge
Organsystem:
Nervensystem

Krebs
abnehmender Mond

Sonntag

10

SEPTEMBER

Element:
Wasser
Tagesqualität:
Feuchte
Nahrungsqualität:
Kohlenhydrate
Pflanzenteil:
Blatt
Körperzone:
Brustbereich, Lunge
Organsystem:
Nervensystem

Krebs
abnehmender Mond

Einfach zum Nachdenken

Zwischen Reiz und Reaktion liegt ein Raum.
In diesem Raum liegt unsere Macht
zur Wahl unserer Reaktion.
In unserer Reaktion liegen unsere Entwicklung
und unsere Freiheit.

Viktor Frankl

Montag

11

SEPTEMBER

Praktisches und Philosophisches rund um die Ernährung – Tipps zu Einkauf und Lagerung, Teil 4. Luftdichte Flaschen mit Korken: Können Sie luftdicht verschließen, wenn Sie die Korken anwärmen und in Öl einlegen. * Selbstgemachtes Sauerkraut: Sollte nur bei abnehmendem Mond im Tierkreiszeichen Steinbock eingeschnitten und gestampft werden. Zumindest sollten Sie niemals bei zunehmendem Mond und auch generell nicht in den Tierkreiszeichen Jungfrau und Löwe Sauerkraut machen. Die Gärung verläuft sonst bei Jungfrau zu schnell, und das Kraut wird oft schimmelig. Bei Löwe hingegen trocknet es zu schnell aus.

Löwe
abnehmender Mond

Element:
Feuer
Tagesqualität:
Wärme
Nahrungsqualität:
Eiweiß, Frucht
Pflanzenteil:
Frucht
Körperzone:
Herzregion, Kreislauf
Organsystem:
Sinnesorgane

Element:
Feuer
Tagesqualität:
Wärme
Nahrungsqualität:
Eiweiß, Frucht
Pflanzenteil:
Frucht
Körperzone:
Herzregion, Kreislauf
Organsystem:
Sinnesorgane

Dienstag

12

SEPTEMBER

Löwe
abnehmender Mond

Schön sein, schön bleiben. Ein kleines Missverständnis müssen wir in größeren Abständen immer wieder einmal ausräumen, vielleicht weil das Spiel »Stille Post« zu gut funktioniert: Vielfach waren unsere LeserInnen der Meinung, man solle sich die Haare im Tierkreiszeichen Löwe nur bei zunehmendem Mond schneiden, weil sie nur dann schneller und gesund wachsen. Das ist falsch! Sie müssen nicht ein halbes Jahr lang auf den Haarschnitt verzichten! Die Haare wachsen bei abnehmendem Mond und an Löwe geschnitten genauso dicht und gesund nach, nur etwas langsamer als bei zunehmendem Mond.

Mittwoch

13

SEPTEMBER

Gesund bleiben, gesund werden. Viel trinken ist eine der wichtigsten Empfehlungen für gute Gesundheit, besonders an den austrocknenden Löwetagen. Pro Minute fließt ein ganzer Liter Blut durch die Nieren, pro Tag also etwa 1400 Liter! Unterstützen wir die Arbeit dieser Organe durch viel, viel Wasser trinken, in jedem Alter. Kürzlich behauptete ein Wissenschaftler, es sei »normal«, dass die Nieren im Alter nur noch 40 Prozent ihrer ursprünglichen Leistung bringen. Er ignoriert jedoch die Hauptursache, nämlich zu wenig zu trinken. Trinken Sie besonders zwischen 15 und 19 Uhr mehr, auch wenn Sie keinen Durst verspüren.

Element:
Feuer
Tagesqualität:
Wärme
Nahrungsqualität:
Eiweiß, Frucht
Pflanzenteil:
Frucht
Körperzone:
Herzregion, Kreislauf
Organsystem:
Sinnesorgane

Löwe
abnehmender Mond

Donnerstag

14

SEPTEMBER

Element:
Erde
Tagesqualität:
Kälte
Nahrungsqualität:
Salz
Pflanzenteil:
Wurzel
Körperzone:
Verdauungsorgane
Organsystem:
Kreislauf

Jungfrau
abnehmender Mond

Gesund bleiben, gesund werden. Heute wäre wieder ein idealer Fasttag, so wie an jedem Neumondtag! Alle Kalender zeigen ihn zwar erst für morgen an, aber er tritt morgen schon um 2.39 Uhr früh ein, deshalb zählt eigentlich der heutige Tag als Neumondtag. Es wäre sehr einfach: Weniger essen, als der Appetit verlangt, genügt fast immer als »Fastendiät«! Damit hätten Sie die nützlichen Kräfte des Tages gut eingesetzt. Halten Sie dabei während des Essens inne, trinken Sie einen Schluck Wasser und warten Sie fünf Minuten. Wenn Sie dann keinen Appetit mehr haben, wissen Sie, dass es genug ist.

Freitag

15

SEPTEMBER

Rezepte aus unserem neuen Buch *Alpha-Omega-Formel* – Letscho klassisch. Was Sie brauchen: 1 Zwiebel, gewürfelt * 2 Knoblauchzehen, gepresst * 1 gelbe und 1 rote Paprikaschote, entkernt und grob gewürfelt * 1 Zucchini, in Scheiben geschnitten * 1 Dose gewürfelte Tomaten (400 g) * 1 Lorbeerblatt * 1 TL Thymian * ½ TL Currypulver * ½ TL Paprika, geräuchert * Salz, Pfeffer. **Und so geht's:** Zwiebel und Knoblauch in 3 EL Wasser dünsten (steam frying). Die restlichen Zutaten zugeben, salzen und pfeffern nach Geschmack und etwa 10 Minuten köcheln lassen, bis das Gemüse weich, aber noch bissfest ist. Dazu passen Basmatireis, Lupinen- oder Seitan-Würstl etc.

02.39

Jungfrau
Neumond

Element:
Erde
Tagesqualität:
Kälte
Nahrungsqualität:
Salz
Pflanzenteil:
Wurzel
Körperzone:
Verdauungsorgane
Organsystem:
Kreislauf

Element:
Luft
Tagesqualität:
Licht
Nahrungsqualität:
Fett
Pflanzenteil:
Blüte
Körperzone:
Hüfte, Nieren, Blase
Organsystem:
Drüsensystem

Samstag

16

SEPTEMBER

Waage
zunehmender Mond

LeserInnen schreiben uns. Franz aus Berlin: »Ich weiß ja nicht, ob's wirklich daran gelegen hat, aber meine Kinder haben beide ihren Notendurchschnitt um eine ganze Note gehoben, seit sie eure EM-Taler immer dabeihaben und seit wir ihren Biorhythmus berücksichtigen. Mein Sohn steckt sie sogar in seine Sporthose, weil er meint, das verbessere sein Gleichgewicht!«

Sonntag

17

SEPTEMBER

Einfach zum Nachdenken

Wenn ich loslasse, was ich bin,
werde ich, was ich sein könnte.
Wenn ich loslasse, was ich habe,
bekomme ich, was ich brauche.

Lao Tse

Element:
Luft
Tagesqualität:
Licht
Nahrungsqualität:
Fett
Pflanzenteil:
Blüte
Körperzone:
Hüfte, Nieren, Blase
Organsystem:
Drüsensystem

Waage
zunehmender Mond

Montag

18

SEPTEMBER

Element:
Luft
Tagesqualität:
Licht
Nahrungsqualität:
Fett
Pflanzenteil:
Blüte
Körperzone:
Hüfte, Nieren, Blase
Organsystem:
Drüsensystem

☽

Waage
zunehmender Mond

Ein Tipp aus unserem Buch *Das Tiroler Zahlenrad*. Die beiden Neuner im morgigen Datum begünstigen jede Form von Geschäftssinn und materieller Erfolgsorientierung. Jedoch nicht im Sinne von »Ausnutzen, Ausbeuten«, sondern im Sinne von »Chance nutzen«. Alle Chancen in Zusammenhang mit geschäftlichen Verbesserungen und mit Aufstiegsmöglichkeiten im Beruf lassen sich morgen leichter erkennen und erfolgreich verfolgen. Seien Sie also klug und erledigen Sie morgen Geschäftliches mit Herz und Verstand. Den nötigen Schwung wird Ihnen die Energie der Zahlen des morgigen Tages geben.

Dienstag

19

SEPTEMBER

Fit zum richtigen Zeitpunkt – an Skorpiontagen. Diese Übung wirkt wunderbar auf die inneren Organe, auf Bauchmuskeln und Lendenwirbelsäule und bringt im *ganzen* Körper Energien zum Fließen. Legen Sie sich dazu auf den Rücken und ziehen Sie die Füße an. Heben Sie nun das Gesäß von der Unterlage ab und atmen Sie ein. Dabei nicht durchhängen, aber auch nicht den Bogen überspannen. Halten Sie das Becken gerade, wenn Sie nun das rechte Bein ausstrecken und es dabei parallel zum linken Oberschenkel bringen. *(Lesen Sie morgen weiter)*

☽

Skorpion
zunehmender Mond

Element:
Wasser
Tagesqualität:
Feuchte
Nahrungsqualität:
Kohlenhydrate
Pflanzenteil:
Blatt
Körperzone:
Geschlechtsorgane
Organsystem:
Nervensystem

Mittwoch 20 SEPTEMBER

Element:
Wasser
Tagesqualität:
Feuchte
Nahrungsqualität:
Kohlenhydrate
Pflanzenteil:
Blatt
Körperzone:
Geschlechtsorgane
Organsystem:
Nervensystem

(Fortsetzung von gestern) Zählen Sie ruhig im Ausatmen bis sieben, setzen Sie das rechte Bein ab und strecken Sie nun das linke Bein aus, parallel zum rechten Oberschenkel – ohne das Gesäß inzwischen auf den Boden zu senken. Wieder bis sieben zählen, das linke Bein absetzen und langsam das Gesäß ebenfalls auf den Boden senken. Bis sieben zählen und dann die Übung von vorne beginnen. Insgesamt dreimal.

Skorpion
zunehmender Mond

Donnerstag 21 SEPTEMBER

Umwelt und Klima – gesunder Menschenverstand und Mondkalender helfen mit. Wer auf Eiweiß tierischer Herkunft verzichtet, schützt nicht nur seine Gesundheit, sondern auch unseren fruchtbaren Boden! Allein in den USA fallen jährlich 1,6 Millionen Hektar Ackerland der Bodenabtragung durch die Weidewirtschaft zum Opfer. Der jährliche Humusschwund beläuft sich auf sieben Milliarden Tonnen, das sind 27 000 Kilogramm pro Einwohner. Von diesen Humusverlusten gehen 85% direkt auf die Kosten der Nutztierzucht. Bio-Landwirtschaft und Ernährung ohne tierisches Eiweiß fordern dem Boden nur 5% dessen ab, was für die industrielle Landwirtschaft erforderlich ist.

Element:
Feuer
Tagesqualität:
Wärme
Nahrungsqualität:
Eiweiß, Frucht
Pflanzenteil:
Frucht
Körperzone:
Oberschenkel, Venen
Organsystem:
Sinnesorgane

Schütze
zunehmender Mond

Freitag 22 SEPTEMBER

Element:
Feuer
Tagesqualität:
Wärme
Nahrungsqualität:
Eiweiß, Frucht
Pflanzenteil:
Frucht
Körperzone:
Oberschenkel, Venen
Organsystem:
Sinnesorgane

Schütze
zunehmender Mond

Praktisches und Philosophisches rund um die Ernährung – Tipps zu Einkauf und Lagerung, Teil 5. Vorratsschutz: Wenn Sie die Vorräte in der Speisekammer eines Wochenendhauses schützen wollen, lagern Sie dort offen Pfefferminze und wilde Kamille. Am besten ist die Wirkkraft dieser einfachen Maßnahme, wenn die Kräuter bei zunehmendem Mond an einem Blütentag (Zwillinge, Waage, Wassermann) gesammelt worden sind. * Nüsse: Sollten Sie in trockenem Sand aufbewahren, weil sie dann nicht so schnell ranzig werden. Die Nüsse in lange haltbaren Schokoladen und anderen Süßigkeiten sind übrigens fast alle bestrahlt und erstrangige Kopfschmerzverursacher.

Samstag 23 SEPTEMBER

Fit zum richtigen Zeitpunkt – an Steinbocktagen. Die »Bankstellung« bringt Energien im ganzen Körper zum Fließen und ist wunderbar geeignet zur Kräftigung der Rückenmuskulatur. Sie nehmen den Vierfüßlerstand ein, die Hände stehen senkrecht unter den Schultergelenken, die Knie senkrecht unter den Hüftgelenken. Die Ellenbogen sind leicht gebeugt, das Gewicht sollte gleichmäßig auf allen vieren verteilt sein. Blicken Sie nach unten zum Boden. Strecken Sie nun den rechten Arm und das linke Bein ganz gerade aus – waagerecht, so dass Arm, Rücken und Bein eine möglichst gerade Linie parallel zum Boden bilden. *(Lesen Sie am Montag weiter)*

Steinbock
zunehmender Mond

Element:
Erde
Tagesqualität:
Kälte
Nahrungsqualität:
Salz
Pflanzenteil:
Wurzel
Körperzone:
Knie, Knochen, Haut
Organsystem:
Kreislauf

Element:
Erde
Tagesqualität:
Kälte
Nahrungsqualität:
Salz
Pflanzenteil:
Wurzel
Körperzone:
Knie, Knochen, Haut
Organsystem:
Kreislauf

Sonntag
24
SEPTEMBER

Einfach zum Nachdenken

Der Planet braucht keine
erfolgreichen Menschen mehr,
der Planet braucht dringend
Friedensstifter, Heiler,
Erneuerer, Geschichtenerzähler
und Liebende aller Arten.

Dalai Lama

Steinbock
zunehmender Mond

(Fortsetzung von Samstag) Nicht ins Hohlkreuz fallen und nicht das Becken verdrehen. Nach Gefühl können Sie diese Übung mit gestreckten Zehen oder gestreckter Ferse (und Zehen nach unten) machen. Atmen Sie langsam aus, zählen Sie bis sieben und wechseln Sie dann Arm und Bein. Dazwischen immer kurz entspannen und einatmen, dabei ebenfalls bis sieben zählen. Und das Ganze nun jeweils dreimal. Machen Sie zum Schluss vor dem Aufstehen langsam einen Katzenbuckel.

Montag
25
SEPTEMBER

Element:
Erde
Tagesqualität:
Kälte
Nahrungsqualität:
Salz
Pflanzenteil:
Wurzel
Körperzone:
Knie, Knochen, Haut
Organsystem:
Kreislauf

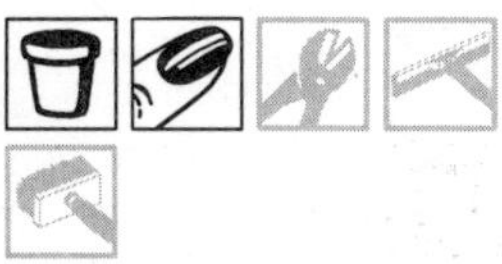

Steinbock
zunehmender Mond

Dienstag

26

SEPTEMBER

Element:
Luft
Tagesqualität:
Licht
Nahrungsqualität:
Fett
Pflanzenteil:
Blüte
Körperzone:
Unterschenkel, Venen
Organsystem:
Drüsensystem

Wassermann
zunehmender Mond

Vom Auf und Ab der Organe im Tageslauf. Wer in den beiden Stunden der »allgemeinen Energiesammlung« zwischen 21 und 23 Uhr anfällig gegen Kälte ist, wer gar nur in einem geheizten Raum einschlafen kann, sollte dieses Signal nicht übersehen. Irgendein körperliches oder seelisches Gleichgewicht ist aus den Fugen und bedarf der Aufmerksamkeit. Diese Zeit ist eigentlich für Entspannung und Regeneration gedacht.

Mittwoch

27

SEPTEMBER

Der besondere Tipp. Zu den Merkwürdigkeiten des morgigen Fischetags kurz vor Vollmond zählt, dass man gerne Dinge im Kopf hat, für die zwar noch genug Zeit wäre und die nicht so dringlich sind, dass man sie unbedingt gleich tun muss, aber sie lassen einen nicht in Ruhe. Sie haben dann zwei Möglichkeiten: Genießen Sie das Kürzertreten ausgiebig und gehen Sie dann das Aufgeschobene gelassen an. Oder überwinden Sie sich und erledigen Sie trotzdem alles, was ansteht. Das hätte den Vorteil, die kommenden Widdertage ab Samstag mit »freiem Rücken« anzugehen. Die Gefahr von Kopfweh und Migräne ist dadurch viel geringer.

Wassermann
zunehmender Mond

Element:
Luft
Tagesqualität:
Licht
Nahrungsqualität:
Fett
Pflanzenteil:
Blüte
Körperzone:
Unterschenkel, Venen
Organsystem:
Drüsensystem

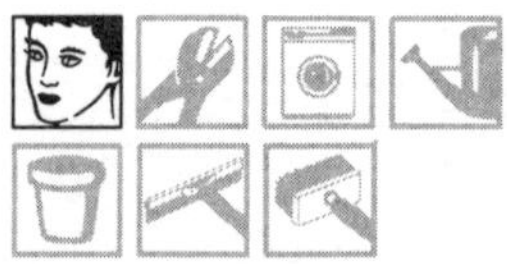

Donnerstag 28 SEPTEMBER

Element:
Wasser
Tagesqualität:
Feuchte
Nahrungsqualität:
Kohlenhydrate
Pflanzenteil:
Blatt
Körperzone:
Füße, Zehen
Organsystem:
Nervensystem

Praktisches und Philosophisches rund um die Ernährung – Tipps zu Einkauf und Lagerung, Teil 6. Erkennen Sie Qualität: Bei Gemüse sollten im Laden immer noch die Schutzblätter vorhanden sein, auch wenn sie schon welk sind! Das gilt besonders für Salate, Blumenkohl, Rosenkohl, Weißkohl, Blaukraut, Kohlrabi. Lauch sollte noch alle Wurzelfäden aufweisen. Blumenkohl beispielsweise braucht seine Schutzblätter unbedingt, weil die Vitamine verschwinden, wenn er dem Licht ausgesetzt ist. In Bioläden kennt man die Zusammenhänge, aber im Supermarkt muss alles »schön« aussehen, sonst wird es nicht gekauft.

Fische
zunehmender Mond

Freitag 29 SEPTEMBER

Gesund bleiben, gesund werden. Millionen von Menschen können ein Liedchen davon singen, dass der Vollmond einen Einfluss hat, der nicht immer einfach zu bewältigen ist. Wenn aber gleichzeitig Fische herrscht, betrifft dieser Umstand auch Menschen, die für die Vollmondkräfte sonst nicht so sensibel sind. Beginnen Sie den Morgen möglichst mit ein wenig Gymnastik und Tee, statt sich mit Kaffee aufzuputschen. Der Start in den Tag wird ohnehin etwas zäher als sonst verlaufen, ab 10 Uhr aber geht es bergauf. Essen Sie tagsüber nur Gesundes und lassen Sie sich nicht von den Suchtmittelchen an der Kasse verführen.

Element:
Wasser
Tagesqualität:
Feuchte
Nahrungsqualität:
Kohlenhydrate
Pflanzenteil:
Blatt
Körperzone:
Füße, Zehen
Organsystem:
Nervensystem

10.58

Fische
Vollmond

Samstag

30

SEPTEMBER

Element:
Feuer
Tagesqualität:
Wärme
Nahrungsqualität:
Eiweiß, Frucht
Pflanzenteil:
Frucht
Körperzone:
Kopfbereich bis Oberkiefer
Organsystem:
Sinnesorgane

Widder
abnehmender Mond

Moon Power für Garten, Feld und Wald. Je nach klimatischen Verhältnissen und individueller Situation rückt allmählich der Zeitpunkt für den letzten Rasenschnitt vor dem Winter näher. Grundsätzlich ist ja für den Rasen jeder Blatttag geeignet (Krebs, Skorpion, Fische). Unser Spezialtipp: Nur der letzte Schnitt vor dem Winter sollte *nicht* an Fische geschehen! Das Gras würde nämlich über den Winter zu dünn und schwach werden, es wird anfälliger für Moosbewuchs und kahle Stellen. Vielleicht geht sich bei Ihnen der 6. bis 8. Oktober aus? Das wäre ein guter Zeitpunkt für den letzten Rasenschnitt.

Sonntag

1

OKTOBER

Einfach zum Nachdenken

Wenn du das Gefühl hast,
nicht in diese Welt zu passen,
liegt es vielleicht daran, dass du hier bist,
um zu helfen, eine neue Welt zu erschaffen.

Bahar Yilmaz

Widder
abnehmender Mond

Element:
Feuer
Tagesqualität:
Wärme
Nahrungsqualität:
Eiweiß, Frucht
Pflanzenteil:
Frucht
Körperzone:
Kopfbereich bis Oberkiefer
Organsystem:
Sinnesorgane

Montag

2

OKTOBER

Element:
Erde
Tagesqualität:
Kälte
Nahrungsqualität:
Salz
Pflanzenteil:
Wurzel
Körperzone:
Unterkiefer, Halsregion
Organsystem:
Kreislauf

Moon Power für Garten, Feld und Wald. Ein Wort an die tapferen Hobbygärtner, die aus kleinsten Flächen im Laufe des Jahres grünbunte Paradiese gezaubert haben: Krebs bei abnehmendem Mond (nächster Freitag bis Sonntag!) ist ein idealer Zeitpunkt, um vielleicht dieses Jahr zum letzten Mal den Garten von Unkraut zu befreien und Hecken zurückzuschneiden. Auch das Gewächshaus kann von zu viel Unkraut befreit werden. Nach dem Mondrhythmus zu arbeiten hat einen unschätzbaren Vorteil: Allein durch die Wahl des richtigen Zeitpunkts kann man auf giftige Chemie verzichten! Übrigens: Auch fürs Nachsetzen von Wintersalat wäre dann ein guter Zeitpunkt.

Stier
abnehmender Mond

Dienstag

3

OKTOBER

Tag der Dt. Einheit

Medizin für die Seele. Ein Meister fragte eines Tages seine Schüler, wie man das Ende der Nacht vom Beginn des Tages unterscheiden kann. Einer sagte: »Wenn man in der Ferne ein Tier sieht und erkennt, was es ist.« »Nein«, sagte der Meister. »Wenn man aus der Ferne erkennen kann, ob der Baum eine Kirsche oder eine Linde ist.« »Wieder falsch«, sagte der Meister. »Wenn man erkennt, ob ein Vogel ein Habicht oder eine Krähe ist.« »Auch nicht«, sagte der Lehrer. »Wenn man in das Gesicht eines Mannes blickt und darin den Bruder erkennt; wenn man in das Gesicht einer Frau blickt und in ihr die Schwester erkennt. Wer dazu nicht fähig ist, für den ist Nacht – wo immer die Sonne auch stehen mag.«

Element:
Erde
Tagesqualität:
Kälte
Nahrungsqualität:
Salz
Pflanzenteil:
Wurzel
Körperzone:
Unterkiefer, Halsregion
Organsystem:
Kreislauf

Stier
abnehmender Mond

Mittwoch

4

OKTOBER

Element:
Luft
Tagesqualität:
Licht
Nahrungsqualität:
Fett
Pflanzenteil:
Blüte
Körperzone:
Schultern, Arme, Hände
Organsystem:
Drüsensystem

Zwillinge
abnehmender Mond

Moon Power für Garten, Feld und Wald. Ein Tipp beziehungsweise eine Bitte für die Laubfall-Saison: Bei abnehmendem Mond einfach mit dem Rasenmäher ohne Fangsack mehrmals übers trockene Laub fahren und dann liegen lassen. Sie können dann zuschauen, wie der Mulch bald in der Erde verschwindet. Laub gehört nicht abtransportiert, sondern unter Bäume und Hecken gerecht als Nahrung für den Boden und für die Regenwürmer. Ohne unser Zutun verwandeln sich die Blätter in schönste Erde. Wenn wir dem natürlichen Kreislauf die Nahrung entziehen, sollten wir uns nicht wundern, wenn nichts mehr zu unserer Zufriedenheit wächst.

Donnerstag

5

OKTOBER

Für den Jahresgartenplan 2024: Gemüse zum richtigen Zeitpunkt: Gurken. * Säen bei zunehmendem Mond, unbedingt nach dem letzten Frost, am besten an Fruchttagen. * Mulchen mit Stroh oder trockenem Material bei abnehmendem Mond, damit bei Regen die Gurken nicht auf nasser Erde liegen. * Ernten zum Lagern bei abnehmendem Mond. Im Salat und im Gesicht – das sind wohl die bekanntesten »Begegnungsstätten« zwischen Mensch und Gurke. Wenn Sie vor die Wahl gestellt werden, dann seien Sie versichert, dass Gurken »inwendig« die wertvolleren Dienste leisten. *(Lesen Sie morgen weiter)*

Zwillinge
abnehmender Mond

Element:
Luft
Tagesqualität:
Licht
Nahrungsqualität:
Fett
Pflanzenteil:
Blüte
Körperzone:
Schultern, Arme, Hände
Organsystem:
Drüsensystem

Freitag

6

OKTOBER

Element:
Wasser
Tagesqualität:
Feuchte
Nahrungsqualität:
Kohlenhydrate
Pflanzenteil:
Blatt
Körperzone:
Brustbereich, Lunge
Organsystem:
Nervensystem

Krebs
abnehmender Mond

(Fortsetzung von gestern) Wenn Sie jedoch zu trockenen Augen neigen, tun Gurkenscheiben auf den Augen gute vorbeugende Dienste, am besten im Tierkreiszeichen Widder. Gurken sind ein optimales Gemüse für Alpha-Typen, Omega-Typen bekommen durch Gurken öfter Blähungen, oder der Gurkensalat stößt noch lange auf. Gurkenpflänzchen in zeitlichen Abständen von etwa 14 Tagen bei zunehmendem Mond setzen, dann können Sie über längere Zeit immer Gurken ernten. Gurken sind stark zehrende Pflanzen und brauchen nahrhafte Erde. Deshalb werden sie vielfach in der Nähe von abgelagerten Kompost- oder Misthaufen gepflanzt.

Samstag

7

OKTOBER

Der Mond – Ihr guter Freund in Haushalt und Alltag. Aquarien-, Schwimmbad- und Fischteichbesitzer können vom richtigen Zeitpunkt profitieren, wenn sie bei der Reinigung auf den abnehmenden Mond und einen Wassertag (Krebs, Skorpion, Fische) achten. Neben der intensiveren Reinigungswirkung hat das den Vorteil, dass auch die Wahrscheinlichkeit von Fischkrankheiten sinkt! Wenn Sie dem Wasser und den Fischen noch etwas besonders Gutes tun wollen, dann fügen Sie »Effektive Mikroorganismen« hinzu. Sie bringen Mensch und Tier und Umwelt einen speziellen positiven Einfluss.

Element:
Wasser
Tagesqualität:
Feuchte
Nahrungsqualität:
Kohlenhydrate
Pflanzenteil:
Blatt
Körperzone:
Brustbereich, Lunge
Organsystem:
Nervensystem

Krebs
abnehmender Mond

Sonntag

8

OKTOBER

Element:
Wasser
Tagesqualität:
Feuchte
Nahrungsqualität:
Kohlenhydrate
Pflanzenteil:
Blatt
Körperzone:
Brustbereich, Lunge
Organsystem:
Nervensystem

Krebs
abnehmender Mond

Einfach zum Nachdenken. Welcher Anteil der gesamten Weltgetreideproduktion wird in der Massentierhaltung verfüttert? Zwei Drittel. 1984/85 kam es zu einer großen Hungersnot in Äthiopien, mit weltweiten Spendenaktionen und Hilfskonzerten. In dieser Zeit verkaufte die äthiopische Regierung 17 500 Tonnen besten Weizen an europäische Länder – als Tierfutter. Wie viele Kilo Getreide sind nötig, um ein Kilo Fleisch zu produzieren? Bis zu acht Kilo. Um wie viel Prozent müsste der weltweite Fleischkonsum sinken, um mit dem »ersparten« Getreide den Hunger in der Welt zu beseitigen? Um 10 Prozent.

Montag

9

OKTOBER

Der Mond – Ihr guter Freund in Haushalt und Alltag. Sollte heute die Sonne lachen, wäre Löwe bei abnehmendem Mond besonders gut geeignet, um Haus und Wohnung kräftig durchzulüften. Feuchtigkeit und Kälte hätten keine Chance, sich in der Wohnung festzusetzen. Raus mit der alten Luft und Platz fürs Neue! Und danach gut einhüllen und ein Spaziergang in klarer Luft. Probieren Sie es zusätzlich einmal mit Weihrauch. Alte negative Energien können das Haus verlassen. Einfach den Weihrauch auf die Glühkohle auflegen und damit in jedes Zimmer im Haus gehen und einmal im Uhrzeigersinn ums Haus herum. Anschließend gut lüften.

Löwe
abnehmender Mond

Element:
Feuer
Tagesqualität:
Wärme
Nahrungsqualität:
Eiweiß, Frucht
Pflanzenteil:
Frucht
Körperzone:
Herzregion, Kreislauf
Organsystem:
Sinnesorgane

Element:
Feuer
Tagesqualität:
Wärme
Nahrungsqualität:
Eiweiß, Frucht
Pflanzenteil:
Frucht
Körperzone:
Herzregion, Kreislauf
Organsystem:
Sinnesorgane

Dienstag 10 OKTOBER

Löwe
abnehmender Mond

Der Mond – Ihr guter Freund in Haushalt und Alltag. Für viele eine alljährlich wiederkehrende Aufgabe: Das Reinigen und Verstauen von Gartengrillbesteck samt Zubehör. Heute wäre dafür ein besonders guter Zeitpunkt (generell bei abnehmendem Mond!). Die Arbeit geht leicht von der Hand, und Sie müssen sich im nächsten Sommer nicht über das »Klebrige vom letzten Jahr« ärgern, das dann womöglich auch noch das feine Grillgut verdirbt. Das Gleiche gilt auch für Gartengeräte aller Art. Wer heute und morgen mit Verstauen beschäftigt ist, wird alle Gerätschaften im Frühjahr wie neu vorfinden.

Mittwoch 11 OKTOBER

Gesund bleiben, gesund werden. Ein Wort zum Thema »wissenschaftliche Erkenntnis«. Wären Sie mit folgender Feststellung einverstanden? »Jedes Nahrungsmittel oder Genussmittel, auf dessen Verzicht starke Entzugserscheinungen folgen, kann nicht der Gesundheit förderlich sein, zumindest langfristig nicht.« Kürzlich behauptete eine Studie, dass drei Tassen Kaffee täglich sogar positive Wirkungen für den Menschen haben. Selbstverständlich enthielt sie kein Wort über die langfristigen Wirkungen von Kaffeegenuss. Vielleicht ist hier die Frage angebracht, wer diese Studie finanziert hat.

Element:
Erde
Tagesqualität:
Kälte
Nahrungsqualität:
Salz
Pflanzenteil:
Wurzel
Körperzone:
Verdauungsorgane
Organsystem:
Kreislauf

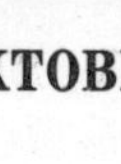

Jungfrau
abnehmender Mond

Donnerstag

12

OKTOBER

Element:
Erde
Tagesqualität:
Kälte
Nahrungsqualität:
Salz
Pflanzenteil:
Wurzel
Körperzone:
Verdauungsorgane
Organsystem:
Kreislauf

Jungfrau
abnehmender Mond

Fit zum richtigen Zeitpunkt – an Jungfrautagen. Diese Übung kräftigt unter anderem wichtige Atemmuskeln, nämlich die Zwischenrippenmuskeln. Die Ausgangsstellung ist die Rückenlage. Beine aufgestellt, Ober- und Unterschenkel bilden ungefähr einen rechten Winkel – Füße, Lenden- und Brustwirbelsäule und Hinterkopf liegen flach auf dem Boden. Legen Sie die Arme nun in U-Form hinter den Kopf (Oberarme von Körper abspreizen, Unterarme rechtwinklig nach oben – wie »Hände hoch!« im Liegen). *(Lesen Sie morgen weiter)*

Freitag

13

OKTOBER

(Fortsetzung von gestern) Spannen Sie nun die Bauchmuskeln an und heben Sie im Ausatmen langsam und gleichmäßig Kopf, Oberkörper, Schultern und Arme von der Unterlage ab. So weit es Ihnen ohne große Anstrengung möglich ist. Halten Sie diese Stellung drei Sekunden lang. Kehren Sie dann langsam wieder zum Boden zurück und wiederholen Sie den Ablauf siebenmal. Dabei immer auf dem Boden einatmen, bei der Anspannung ausatmen.

Jungfrau
abnehmender Mond

Element:
Erde
Tagesqualität:
Kälte
Nahrungsqualität:
Salz
Pflanzenteil:
Wurzel
Körperzone:
Verdauungsorgane
Organsystem:
Kreislauf

Element:
Luft
Tagesqualität:
Licht
Nahrungsqualität:
Fett
Pflanzenteil:
Blüte
Körperzone:
Hüfte, Nieren, Blase
Organsystem:
Drüsensystem

Samstag

14

OKTOBER

18.54

Waage
Neumond

Der Mond – Ihr guter Freund in Haushalt und Alltag. Der Mondstand spricht heute sehr dafür, die Wintergarderobe herauszuholen und einmal gut durchzulüften. Nutzen Sie den Luft- und Lichttag, um ans Licht zu bringen, was ans Licht gehört. Diese Tage haben den zusätzlichen Vorteil, dass noch genug Zeit ist, um das eine oder andere Kleidungsstück zu reinigen oder in die chemische Reinigung zu geben, wenn nötig. Gleichzeitig kann man die Sommersachen noch einmal durchgehen und prüfen, ob nicht jetzt schon das eine oder andere Kleidungsstück für ein paar Monate in Kartons verschwinden kann. Es würde keine Gerüche annehmen.

Sonntag

15

OKTOBER

Einfach zum Nachdenken

Ich denke, es ist Zeit, daran zu erinnern:
Die Vision des Feminismus ist nicht eine weibliche Zukunft.
Es ist eine menschliche Zukunft.
Ohne Rollenzwänge, ohne Macht- und Gewaltverhältnisse, ohne Männerbündelei und Weiblichkeitswahn.

Johanna Dohnal

Element:
Luft
Tagesqualität:
Licht
Nahrungsqualität:
Fett
Pflanzenteil:
Blüte
Körperzone:
Hüfte, Nieren, Blase
Organsystem:
Drüsensystem

Waage
zunehmender Mond

Montag

16

OKTOBER

Element:
Wasser
Tagesqualität:
Feuchte
Nahrungsqualität:
Kohlenhydrate
Pflanzenteil:
Blatt
Körperzone:
Geschlechtsorgane
Organsystem:
Nervensystem

Skorpion
zunehmender Mond

Moon Power für Garten, Feld und Wald. Dahlien graben wir im Herbst nicht aus, weil wir ohnehin nie gießen. Wenn auch Sie unseren Rat beherzigt haben (mit Ausnahme unnatürlicher Trockenperioden), dann genügt es, Dahlien im Herbst mit vielen Zweigen abzudecken. Sie kommen unfehlbar jedes Jahr wieder, schöner als zuvor. Während eines der letzten Winter hat ein Lastwagen sie sogar versehentlich im Schnee platt gefahren. Wir haben uns sehr gefreut, als sie auch diese unsanfte Behandlung unbeschadet überstanden haben. Das künstliche »Eingießen« ist zwar Mode geworden, aber es ist nicht sinnvoll.

Dienstag

17

OKTOBER

Rezepte aus unserem neuen Buch *Alpha-Omega-Formel* – Rote-Zwiebel-Suppe mit Zatar. Was Sie brauchen: Ghee oder Butter * 500 g rote Zwiebeln, halbiert und in Streifen geschnitten * 1 TL Sumach * 1 EL Balsamicoessig * 700 ml Gemüsebrühe * 1 TL getrockneter Thymian * Salz, Pfeffer * Zatarpulver * Croûtons oder gegrilltes Pita zum Servieren. **Und so geht's:** Ghee oder Butter erhitzen, die Zwiebeln und Sumach hinzugeben, bei minimaler Hitze 15–20 Minuten dünsten und ab und zu umrühren. Balsamico hinzufügen und mit der Gemüsebrühe aufgießen. Thymian zugeben und weitere 10–15 Minuten köcheln lassen. Mit Salz und Pfeffer würzen und mit viel Zatar bestreut servieren.

Element:
Wasser
Tagesqualität:
Feuchte
Nahrungsqualität:
Kohlenhydrate
Pflanzenteil:
Blatt
Körperzone:
Geschlechtsorgane
Organsystem:
Nervensystem

Skorpion
zunehmender Mond

Element:
Feuer
Tagesqualität:
Wärme
Nahrungsqualität:
Eiweiß, Frucht
Pflanzenteil:
Frucht
Körperzone:
Oberschenkel, Venen
Organsystem:
Sinnesorgane

Mittwoch 18 OKTOBER

Schütze
zunehmender Mond

Der Mond – Ihr guter Freund in Haushalt und Alltag. Bis zum 28. Oktober kommen Ihnen ideale Einflüsse zum Schneiden von Zweigen für die Grabgestecke zu Hilfe! Die kleinen Kunstwerke bleiben auch hinterher noch lange ansehnlich. Generell sollten Sie bei allen selbstgebastelten Dingen aus Naturmaterialien (Rinde, Zweige, Blätter) auf den zunehmenden Mond achten, wenn Sie lange Freude daran haben wollen. Das Tierkreiszeichen spielt dabei keine so große Rolle. Der abnehmende Mond lässt oftmals Zweige, Bast, Stroh usw. zu schnell bröselig werden und brechen. Auch wer Material für den Krippenbau sammelt, sollte auf den zunehmenden Mond achten.

Donnerstag 19 OKTOBER

LeserInnen schreiben uns. Sandra aus Bayrischzell: »Meine Mama hat schon immer gesagt, dass Zirbenholz etwas ganz Besonderes ist, Ihr wisst schon, Zirbenstuben und so. Aber wie toll, das weiß ich erst, seit ich für mich und meinen Mann ein Zirbenbett angeschafft habe. Ich schlafe kürzer und wache viel frischer auf.«

Element:
Feuer
Tagesqualität:
Wärme
Nahrungsqualität:
Eiweiß, Frucht
Pflanzenteil:
Frucht
Körperzone:
Oberschenkel, Venen
Organsystem:
Sinnesorgane

Schütze
zunehmender Mond

Freitag

20

OKTOBER

Element:
Feuer
Tagesqualität:
Wärme
Nahrungsqualität:
Eiweiß, Frucht
Pflanzenteil:
Frucht
Körperzone:
Oberschenkel, Venen
Organsystem:
Sinnesorgane

Schütze
zunehmender Mond

Vom Auf und Ab der Organe im Tageslauf. Wer Probleme mit der Galle hat, für den sind feuchtwarme Umschläge zwischen elf und ein Uhr nachts eine Wohltat, weil die Galle dann am besten arbeitet. Trinken Sie dazu heißen Tee schluckweise, keinesfalls kalte Getränke. Rettichsaft ist ein gutes unterstützendes Mittel. Der Darm sollte entlastet, notfalls mit einem Einlauf ganz entleert sein, der Körper muss warm gehalten werden. Dann kommt eine angeschlagene Galle wieder »auf die Beine«.

Samstag

21

OKTOBER

Tipps für die Ernährung, wie sie für uns gedacht ist – aus unserem neuen Buch *Alpha-Omega-Formel*. Einer der gravierendsten Nachteile einer Ernährung mit tierischem Eiweiß ist die Tatsache, dass sie Suchtverhalten auslöst. Tierisches Eiweiß macht süchtig nach Abhängigkeit und Wiederholung. Fast, als ob Fleisch, Milch, Käse usw. von einem unsichtbaren Tyrannen erfunden worden wären, der nichts mehr fürchtet als geistige und seelische Unabhängigkeit und echte Lebensfreude. Es vernichtet mehr Menschen geistig und körperlich als jede Terrororganisation der Welt. Das wirksamste Gift ist das Gift, das sich als »ein Stück Lebenskraft« tarnt und das das Opfer freiwillig schluckt.

Element:
Erde
Tagesqualität:
Kälte
Nahrungsqualität:
Salz
Pflanzenteil:
Wurzel
Körperzone:
Knie, Knochen, Haut
Organsystem:
Kreislauf

Steinbock
zunehmender Mond

Element:
Erde
Tagesqualität:
Kälte
Nahrungsqualität:
Salz
Pflanzenteil:
Wurzel
Körperzone:
Knie, Knochen, Haut
Organsystem:
Kreislauf

Sonntag

22

OKTOBER

Einfach zum Nachdenken

Nach all den Jahren,
in denen ich als Frau hörte,
ich sei nicht dünn genug, nicht schön genug,
nicht klug genug,
ich hätte von diesem und jenem nicht genug …
wachte ich eines Morgens auf und dachte:
Ich bin genug.

Anna Quindlen

Steinbock
zunehmender Mond

Für den Jahresgartenplan 2024: Gemüse zum richtigen Zeitpunkt: Kohlrabi. * Säen bei zunehmendem Mond an Löwe oder bei abnehmendem Mond an Widder. * Setzen bei zunehmendem Mond an Löwe oder bei abnehmendem Mond an Widder. Bei Schütze besteht die Gefahr des Schießens, beim Wurzeltag Stier oder Jungfrau wird er holzig. * Ernten nach Belieben, wenn die Knolle in Ihren Augen groß genug ist. Wir ernten nur frisch bis in den Winter und lagern nicht ein. Eignet sich aber gut zum Lagern. * Ernten zum Lagern bei abnehmendem Mond an einem Fruchttag, bis September an Widder, ab August an Löwe. *(Lesen Sie morgen weiter)*

Montag

23

OKTOBER

Element:
Luft
Tagesqualität:
Licht
Nahrungsqualität:
Fett
Pflanzenteil:
Blüte
Körperzone:
Unterschenkel, Venen
Organsystem:
Drüsensystem

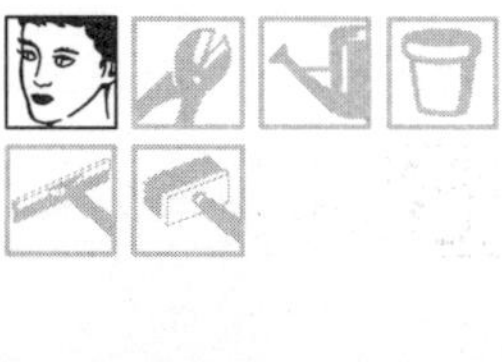

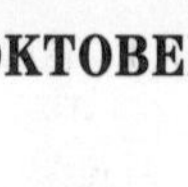

Wassermann
zunehmender Mond

Dienstag

24

OKTOBER

Element:
Luft
Tagesqualität:
Licht
Nahrungsqualität:
Fett
Pflanzenteil:
Blüte
Körperzone:
Unterschenkel, Venen
Organsystem:
Drüsensystem

Wassermann
zunehmender Mond

(Fortsetzung von gestern) Kohlrabi ist eines jener Gemüse, die uns heil und bei guten Kräften über den Winter bringen. Seine Lagerfähigkeit ist sehr hoch, und die großen Mengen des enthaltenen Vitamins C gehen auch durchs Lagern nicht ganz verloren. Trotzdem sollte Kohlrabi auch in der Zeit von Mai bis Oktober oft auf Ihrem Speisezettel stehen. Kohlrabi verträgt sich im Garten gut mit Tomaten, Sellerie, Zwiebeln, Kartoffeln, Gurken, Spinat und gedeiht nicht gut in der Nachbarschaft von Erbsen. Kohlrabi muss zwar bei zunehmendem Mond gesät und pikiert werden, aber bei abnehmendem Mond an einem Fruchttag ins Freiland kommen.

Mittwoch

25

OKTOBER

Fit zum richtigen Zeitpunkt – an Fischetagen. »Zehenwackeln«: Bewegen Sie die Zehen auf und ab, so oft Sie können und wollen. Die Chinesen machen es übrigens immer 99-mal. Diese Übung können Sie an jedem Tag im Tierkreis machen, wenn Ihnen danach ist, speziell wenn Sie mit dem Kreislauf Probleme haben oder wenn Ihnen generell der Schwung für den Tag fehlt. Wenn Sie dabei manchmal einen Krampf im Fuß bekommen, ist das meist ein Zeichen von Magnesiummangel.

Fische
zunehmender Mond

Element:
Wasser
Tagesqualität:
Feuchte
Nahrungsqualität:
Kohlenhydrate
Pflanzenteil:
Blatt
Körperzone:
Füße, Zehen
Organsystem:
Nervensystem

Donnerstag

26

OKTOBER

Österreichischer Nationalfeiertag

Element:
Wasser
Tagesqualität:
Feuchte
Nahrungsqualität:
Kohlenhydrate
Pflanzenteil:
Blatt
Körperzone:
Füße, Zehen
Organsystem:
Nervensystem

Einfach zum Nachdenken

Frauen haben sich die ganze lange Geschichte des Patriarchats an Gewalt gewöhnt, ja vielleicht gewöhnen müssen. Dennoch: Was heute immer noch viele Frauen ihren Söhnen entschuldigen, ihren Partnern oder Männern verzeihen und ihren Töchtern als Opferverhalten anerziehen, wirkt gegen die Unabhängigkeit und Würde von Frauen.

Johanna Dohnal

Fische
zunehmender Mond

Freitag

27

OKTOBER

Rezepte aus unserem neuen Buch *Alpha-Omega-Formel* – Mandelsuppe mit Lauchringen. Die einfachsten Dinge sind oft die besten! **Was Sie brauchen:** *Für die Mandelsuppe:* 3 EL Pflanzenöl * 100 g Mandeln, gerieben * 2 Knoblauchzehen, fein gehackt oder gepresst * 1 l Gemüsebrühe * 200 g Kartoffeln, geschält und gerieben * ein paar Fäden Safran (spanischer, wenn verfügbar) * Salz, Pfeffer. *Für die Lauchringe:* 7 EL Olivenöl * 1 Stange Lauch, in feine Ringe geschnitten * 1 EL Dinkelmehl *(Lesen Sie morgen weiter)*

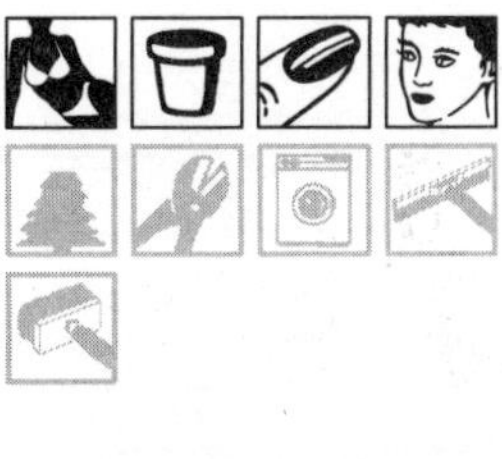

Element:
Feuer
Tagesqualität:
Wärme
Nahrungsqualität:
Eiweiß, Frucht
Pflanzenteil:
Frucht
Körperzone:
Kopfbereich bis Oberkiefer
Organsystem:
Sinnesorgane

Widder
zunehmender Mond

Samstag

28

OKTOBER

Element:
Feuer
Tagesqualität:
Wärme
Nahrungsqualität:
Eiweiß, Frucht
Pflanzenteil:
Frucht
Körperzone:
Kopfbereich bis Oberkiefer
Organsystem:
Sinnesorgane

21.23

Widder
Vollmond

(Fortsetzung von gestern) **Und so geht's:** Pflanzenöl in einem Topf erhitzen und Mandeln und Knoblauch darin kurz andünsten, mit der Brühe ablöschen. Kartoffeln und Safran zugeben und bei kleiner Hitze 15 Minuten kochen lassen. Dann die Suppe pürieren und mit Salz und Pfeffer abschmecken (und vielleicht einem Hauch Muskat). Für die Lauchringe das Öl in einer kleinen Pfanne erhitzen. Die Lauchringe im Mehl wenden, im heißen Öl goldbraun braten und auf Küchenkrepp abtropfen lassen. Suppe auf vier Teller verteilen und mit den Lauchringen garnieren.

Sonntag

29

OKTOBER

Einfach zum Nachdenken

Echte Ekstase ist ein Zeichen dafür,
dass du auf dem richtigen Weg bist.
Lass dir von verklemmten Leuten
nichts anderes weismachen.

Teresa von Avila

Stier
abnehmender Mond

Element:
Erde
Tagesqualität:
Kälte
Nahrungsqualität:
Salz
Pflanzenteil:
Wurzel
Körperzone:
Unterkiefer, Halsregion
Organsystem:
Kreislauf

Element:
Erde
Tagesqualität:
Kälte
Nahrungsqualität:
Salz
Pflanzenteil:
Wurzel
Körperzone:
Unterkiefer, Halsregion
Organsystem:
Kreislauf

Montag 30 OKTOBER

Stier
abnehmender Mond

Der Mond – Ihr guter Freund in Haushalt und Alltag. Zwar ist es im Garten schon längst stiller geworden, aber manche Tätigkeit ist noch begünstigt. Wenn wir Sie inspirieren konnten, Nistkästen zu kaufen, bringen Sie sie in diesen Tagen an (bei abnehmendem Mond!). So können sich die Vögel jetzt schon mit ihren Nistplätzen vertraut machen. Achten Sie darauf, dass die Einflugöffnung nach Osten weist und dass keine Äste in der Nähe sind, die die Öffnung für Katzen usw. erreichbar machen. Nistkästen mit gleich großer Einflugöffnung brauchen einen Abstand von 10 bis 15 Meter, damit brütende Tiere im Frühling auch genügend Nahrung finden.

Dienstag 31 OKTOBER

Reformationstag

Einfach zum Nachdenken

Kein Zwang sei in der Religion!
Das Rechte ist ja deutlich genug unterscheidbar
vom Falschen.

Aus dem Koran

Element:
Luft
Tagesqualität:
Licht
Nahrungsqualität:
Fett
Pflanzenteil:
Blüte
Körperzone:
Schultern, Arme, Hände
Organsystem:
Drüsensystem

Zwillinge
abnehmender Mond

Mittwoch

1

NOVEMBER
Allerheiligen

Element:
Luft
Tagesqualität:
Licht
Nahrungsqualität:
Fett
Pflanzenteil:
Blüte
Körperzone:
Schultern, Arme, Hände
Organsystem:
Drüsensystem

Zwillinge
abnehmender Mond

Einfach zum Nachdenken

Fasst die Flügel des Vogels in Gold,
und er wird sich nie wieder in die Lüfte schwingen.

Rabindranath Tagore

Donnerstag

2

NOVEMBER

Moon Power für Garten, Feld und Wald. Wie stets ist ein Wassertag (Krebs, Skorpion und Fische) fürs Pflanzengießen ideal. Der Ratschlag, Pflanzen vor dem Winter stark einzugießen, damit sie gut überwintern, ist leider völlig falsch. Damit erreichen Sie das Gegenteil, eine solche Rosskur überstehen nur sehr stabile Pflanzen. Natürlicher und sinnvoller ist es, die Gießmengen zum Winter hin immer mehr zu reduzieren, damit die Pflanzen nicht erfrieren. Die alten Wurzeln sind dafür stabil genug, neue Feinwurzeln durch zu starkes Einwässern würden absterben und mit ihnen manchmal die ganze Pflanze.

Krebs
abnehmender Mond

Element:
Wasser
Tagesqualität:
Feuchte
Nahrungsqualität:
Kohlenhydrate
Pflanzenteil:
Blatt
Körperzone:
Brustbereich, Lunge
Organsystem:
Nervensystem

Element:
Wasser
Tagesqualität:
Feuchte
Nahrungsqualität:
Kohlenhydrate
Pflanzenteil:
Blatt
Körperzone:
Brustbereich, Lunge
Organsystem:
Nervensystem

Freitag 3 NOVEMBER

Krebs
abnehmender Mond

LeserInnen schreiben uns. Peter aus Fehrbellin: »Wenn ich heute im Baumarkt die idiotischen Unkrautvernichter sehe, würde ich am liebsten der Marktleitung euer Buch *Moon Power* in die Hand drücken und dafür sorgen, dass sie all das Gift endlich rausschmeißen. Das Zauberwort ist: ›Bei abnehmendem Mond im Tierkreiszeichen Steinbock Unkraut jäten.‹ Seit ich das mache, nullo problemo mehr. Abgesehen davon, dass der Löwenzahn ja bei mir im Salat landet!«

Samstag 4 NOVEMBER

Gesund bleiben, gesund werden. Als Gedächtnisstütze: Was bedeutet eigentlich genau »Körperzone Brustbereich, Lunge«? Es ist ganz einfach: Was Sie in den Krebstagen für den Brustbereich tun, wirkt doppelt wohltuend, vorbeugend und heilend. Mit Ausnahme von chirurgischen Eingriffen an diesen Organen. Alles, was Brust, Lunge, Magen, Leber und Galle in den Krebstagen stärker belastet, wirkt schädlicher als an anderen Tagen, beispielsweise zu fettes Essen oder das »falsche« Fett (tierisches Fett bei Omega- und pflanzliches Fett bei Alpha-Typen).

Element:
Wasser
Tagesqualität:
Feuchte
Nahrungsqualität:
Kohlenhydrate
Pflanzenteil:
Blatt
Körperzone:
Brustbereich, Lunge
Organsystem:
Nervensystem

Krebs
abnehmender Mond

Sonntag

5

NOVEMBER

Element:
Feuer
Tagesqualität:
Wärme
Nahrungsqualität:
Eiweiß, Frucht
Pflanzenteil:
Frucht
Körperzone:
Herzregion, Kreislauf
Organsystem:
Sinnesorgane

Löwe
abnehmender Mond

Einfach zum Nachdenken

Viele Frauen sind auf ihren guten Ruf bedacht;
die anderen werden glücklich.

Josephine Baker

Montag

6

NOVEMBER

Rezepte aus unserem neuen Buch *Alpha-Omega-Formel* – Blumenkohl-Chowder. Was Sie brauchen: 1 kleiner Blumenkohl, in kleine Röschen geteilt * 1 Stange junger Lauch, in 1 cm große Scheiben geschnitten * 1 Stange Staudensellerie, in kleine Stücke geschnitten * 2–3 Lorbeerblätter * 1 Pimentkorn * ½ TL Paprikapulver, geräuchert * ¼ TL Chilipulver * 1 l Pflanzendrink * 1 Bund Frühlingszwiebeln, klein geschnitten * 200 g Maiskörner, gefroren oder aus der Dose, abgetropft * 5 getrocknete Tomaten in Öl, abgetropft, gehackt * evtl. etwas heiße Gemüsebrühe * 1 Prise Muskatnuss, gerieben * Salz, Pfeffer * Schnittlauch, fein geschnitten *(Lesen Sie morgen weiter)*

Element:
Feuer
Tagesqualität:
Wärme
Nahrungsqualität:
Eiweiß, Frucht
Pflanzenteil:
Frucht
Körperzone:
Herzregion, Kreislauf
Organsystem:
Sinnesorgane

Löwe
abnehmender Mond

Element:
Erde
Tagesqualität:
Kälte
Nahrungsqualität:
Salz
Pflanzenteil:
Wurzel
Körperzone:
Verdauungsorgane
Organsystem:
Kreislauf

Dienstag

7

NOVEMBER

(Fortsetzung von gestern) **Und so geht's:** Öl in einem Topf erhitzen. Blumenkohl, Lauch, Sellerie, Lorbeerblätter, Pimentkorn, Paprika- und Chilipulver hinzufügen und für 10 Minuten gemütlich schmoren lassen, dabei gelegentlich umrühren. Das Gemüse jetzt mit dem Pflanzendrink aufgießen und 15–20 Minuten bei schwacher Hitze köcheln lassen, bis der Blumenkohl weich geworden ist. Frühlingszwiebeln, Mais und getrocknete Tomaten hinzufügen, noch einmal heiß werden lassen und gut vermischen. Je nach gewünschter Konsistenz des Chowders etwas Gemüsebrühe zugeben. Mit geriebener Muskatnuss, Salz und Pfeffer würzen und mit einem Esslöffel Schnittlauch darüber servieren.

Jungfrau
abnehmender Mond

Mittwoch

8

NOVEMBER

Moon Power für Garten, Feld und Wald. Letzte Tipps für den Garten: Jungfrau im abnehmenden Mond bringt gute Tage, um vor dem Winter ein letztes Mal zu düngen, vor allem die Obstbäume. Wenn Sie das Glück haben, vom Bauern abgelagerten Stallmist zu bekommen (gut ein Jahr alter Mist), verstreuen Sie ihn rund um die Bäume. Der Dünger wird schnell von den Wurzeln aufgenommen und wächst sich in den Boden hinein.

Element:
Erde
Tagesqualität:
Kälte
Nahrungsqualität:
Salz
Pflanzenteil:
Wurzel
Körperzone:
Verdauungsorgane
Organsystem:
Kreislauf

Jungfrau
abnehmender Mond

Donnerstag

9

NOVEMBER

Element:
Erde
Tagesqualität:
Kälte
Nahrungsqualität:
Salz
Pflanzenteil:
Wurzel
Körperzone:
Verdauungsorgane
Organsystem:
Kreislauf

Jungfrau
abnehmender Mond

Gesund bleiben, gesund werden. Sollten Sie kurz vor dem Winter noch einmal eine Blutreinigungskur mit Brennnesseltee absolvieren wollen, dann beginnen Sie bitte nicht heute, an einem Jungfrautag! Viele Menschen vertragen diesen heilenden Tee dann nicht, bekommen Sodbrennen und erfahren ihn als nicht bekömmlich. Dabei herrscht einfach der falsche Zeitpunkt für den Beginn der Kur. Vielleicht haben Sie den Tee auch zu lange ziehen lassen? Brennnesseltee darf im Gegensatz zu vielen anderen Teesorten nicht länger als eine Minute ziehen, wenn er entschlackend wirken soll. Länger gezogen tut er seine Arbeit nicht mehr.

Freitag

10

NOVEMBER

Moon Power für Garten, Feld und Wald. Wenn Sie gerne im Herbst Blumenzwiebeln setzen, dann sollten Sie es heute und morgen tun, wenn das Wetter mitspielt. Blütentage und der abnehmende Mond helfen mit, dass sie nicht zu früh austreiben und dann im Winter erfrieren. Die Blumen kommen dann im Frühling schneller. Achten Sie darauf, einen weit verbreiteten Pflanzfehler zu vermeiden: Um die Knolle herum dürfen beim Einpflanzen keine Hohlräume entstehen. Sorgen Sie am Boden der Vertiefung für genügend lockere, aber gleichzeitig »blasenfreie«, dichte Erde. Sonst verfault Ihnen die Zwiebel.

Waage
abnehmender Mond

Element:
Luft
Tagesqualität:
Licht
Nahrungsqualität:
Fett
Pflanzenteil:
Blüte
Körperzone:
Hüfte, Nieren, Blase
Organsystem:
Drüsensystem

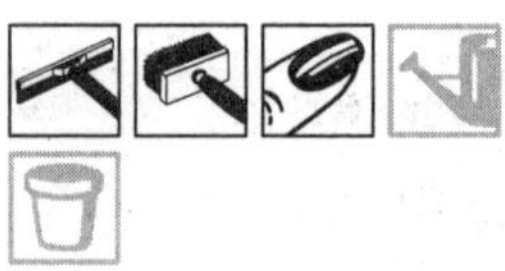

Samstag 11 NOVEMBER

Element:
Luft
Tagesqualität:
Licht
Nahrungsqualität:
Fett
Pflanzenteil:
Blüte
Körperzone:
Hüfte, Nieren, Blase
Organsystem:
Drüsensystem

Der besondere Tipp. Wer unser Buch zum »Tiroler Zahlenrad« kennt, weiß es: Heute herrschen besondere Energien – so viele Einser im Datum! Der Tag eignet sich hervorragend, um Ideen, die schon länger in der Luft lagen, endlich umzusetzen. Verbinden Sie sich mit dem passenden Team und versuchen Sie, Ihren Zielen näher zu kommen. Wenn Ihre Ideen bisher kein Gehör fanden, dann versuchen Sie es ab heute bis Ende November! Machen Sie aufmerksam auf Ungerechtigkeit, lassen Sie sich nicht länger an der Nase herumführen. Stimmt der Zeitpunkt, finden sich Lösungen! (Dieser Tipp gilt besonders auch für den kommenden 16. November.)

Waage
abnehmender Mond

Sonntag 12 NOVEMBER

Einfach zum Nachdenken

Ich habe durch mein ganzes Leben gefunden,
dass sich der Charakter eines Menschen
aus nichts so sicher erkennen lässt,
wenn alle Mittel fehlen,
als aus einem Scherz, den er übelnimmt.

Georg Christoph Lichtenberg

Element:
Wasser
Tagesqualität:
Feuchte
Nahrungsqualität:
Kohlenhydrate
Pflanzenteil:
Blatt
Körperzone:
Geschlechtsorgane
Organsystem:
Nervensystem

Skorpion
abnehmender Mond

Montag

13

NOVEMBER

Element:
Wasser
Tagesqualität:
Feuchte
Nahrungsqualität:
Kohlenhydrate
Pflanzenteil:
Blatt
Körperzone:
Geschlechtsorgane
Organsystem:
Nervensystem

10.27

Skorpion
Neumond

LeserInnen schreiben uns. Carina aus Bern: »Leserbriefe schreibe ich nie, aber euch wollte ich nur sagen, dass ihr vielleicht eure Kosmetik etwas weniger gut machen sollt. Sie ist nämlich so toll, dass ich davon immer weniger brauche. Eine Dose mit Energie-Tagescreme habe ich jetzt schon fast sechs Monate in Verwendung, frisch und duftend wie am ersten Tag.« (siehe auch unser www.mondversand.de)

Dienstag

14

NOVEMBER

Gesund bleiben, gesund werden. Am Kohlenhydratetag Skorpion möchten wir eine spezielle Ernährungsempfehlung aussprechen. Gehören Sie zu den Menschen, die auf die Kalorien achten, die sie täglich konsumieren? Hören Sie mit dieser Zeitverschwendung auf. Chinesen konsumierten bis vor Kurzem täglich durchschnittlich 30 Prozent mehr Kalorien als wir Europäer. Nur selten konnte man aber einem übergewichtigen Chinesen begegnen. Des Rätsels Lösung? Sie können so viel essen, wie Sie wollen, wenn Sie sich weitgehend auf pflanzliche Ernährung beschränken und Eiweißreiches nicht in Kombination mit Kohlenhydraten anrichten.

Skorpion
zunehmender Mond

Element:
Wasser
Tagesqualität:
Feuchte
Nahrungsqualität:
Kohlenhydrate
Pflanzenteil:
Blatt
Körperzone:
Geschlechtsorgane
Organsystem:
Nervensystem

Mittwoch

15

NOVEMBER

Element:
Feuer
Tagesqualität:
Wärme
Nahrungsqualität:
Eiweiß, Frucht
Pflanzenteil:
Frucht
Körperzone:
Oberschenkel, Venen
Organsystem:
Sinnesorgane

Schütze
zunehmender Mond

Der Mond – Ihr guter Freund in Haushalt und Alltag. Manche LeserInnen können gar nicht früh genug damit anfangen, Vorräte an Weihnachtskeksen anzulegen. Dafür wäre heute ein guter Tag! Der Teig lässt sich gut verarbeiten, das Gebäck wird locker und bleibt lange frisch. Vielleicht geht es Ihnen ja auch wie vielen anderen Familien: So manches Ergebnis eines langen fröhlichen Backtages landet lange vor seiner Bestimmung im Magen. Unser Gesundheitstipp: Verwenden Sie ab sofort statt Weizen- nur noch Dinkelmehl, im Idealfall selbst gemahlen. Für Plätzchen, Kekse, Kuchen, Pfannkuchen usw. Die Erfahrung wird für sich selbst sprechen.

Donnerstag

16

NOVEMBER

Rezepte aus unserem neuen Buch *Alpha-Omega-Formel* – Vospapur: Armenische Rote-Linsen-Suppe. Was Sie brauchen: 3 EL Pflanzenöl * 1 Stange Lauch, klein geschnitten * 1 große Knoblauchzehe, zerdrückt * 1 TL Kreuzkümmel, gemahlen oder im Mörser zerdrückt * 2 TL frischer Thymian * 1 große Tasse rote Linsen * 3 große Tassen Gemüsebrühe * 1 große Tasse kaltes Wasser * Salz, Pfeffer * 1 große Tasse getrocknete Aprikosen, klein geschnitten * 6 große Tomaten, gewürfelt * ½ TL Zitronensaft * Minzblätter oder Koriandergrün zum Servieren *(Lesen Sie morgen weiter)*

Element:
Feuer
Tagesqualität:
Wärme
Nahrungsqualität:
Eiweiß, Frucht
Pflanzenteil:
Frucht
Körperzone:
Oberschenkel, Venen
Organsystem:
Sinnesorgane

Schütze
zunehmender Mond

Freitag

17

NOVEMBER

Element:
Erde
Tagesqualität:
Kälte
Nahrungsqualität:
Salz
Pflanzenteil:
Wurzel
Körperzone:
Knie, Knochen, Haut
Organsystem:
Kreislauf

Steinbock
zunehmender Mond

(Fortsetzung von gestern) **So geht's:** Das Öl in einem mittelgroßen Suppentopf stark erhitzen, den Lauch darin golden anbraten, etwa 7–10 Minuten. Die Hitze zurücknehmen, Knoblauch zugeben, höchstens 1 Minute mitbraten. Kreuzkümmel, Thymian, Linsen zugeben und gut mischen. Brühe und Wasser hinzufügen, zum Kochen bringen und etwa 20 Minuten zugedeckt köcheln lassen, bis die Linsen knapp al dente sind. Salzen und pfeffern nach Belieben. Aprikosen und Tomaten zugeben und die Suppe weitere 15–20 Minuten zugedeckt köcheln oder bis die Linsen sehr weich sind. Zitronensaft zufügen, gut umrühren. Heiß servieren, mit Minzblättern oder frischem Koriander garniert.

Samstag

18

NOVEMBER

Gesund bleiben, gesund werden. Sauerkraut war früher im Winter weit verbreitet als erfolgreiches Mittel gegen Erkältung und Vitamin-C-Mangel. Zur Vorbeugung aß man täglich mindestens einen Esslöffel davon. Um Kindervorlieben entgegenzukommen, lässt es sich verfeinern, beispielsweise mit süßen Früchten, Honig, Nüssen oder Sahne. Aus dem Fass aber immer gleich eine Wochenration holen, damit der Deckel so lange wie möglich geschlossen bleibt. Häufiges Öffnen würde das Kraut austrocknen oder zu schnell gären lassen. Auch nicht bei Krebs, Löwe oder Jungfrau Kraut entnehmen!

Steinbock
zunehmender Mond

Element:
Erde
Tagesqualität:
Kälte
Nahrungsqualität:
Salz
Pflanzenteil:
Wurzel
Körperzone:
Knie, Knochen, Haut
Organsystem:
Kreislauf

Sonntag

19

NOVEMBER

Element:
Luft
Tagesqualität:
Licht
Nahrungsqualität:
Fett
Pflanzenteil:
Blüte
Körperzone:
Unterschenkel, Venen
Organsystem:
Drüsensystem

Einfach zum Nachdenken. Welche Firma hat die Fleischindustrie beauftragt, »wissenschaftliche« Studien zu fabrizieren, die »beweisen«, dass Fleisch nicht ungesund ist? Richtig, es ist dieselbe Firma, die »bewiesen« hat, dass Tabak keinen Krebs erzeugt, Asbest und Zucker unschädlich sind und Glyphosat keinerlei Gesundheitsrisiko bedeutet. Diese Firma steht der Industrie immer dann zur Seite, wenn sich Leidtragende gegen die Firmen wehren. Fast alle »großen« Firmen gehören zu ihren Kunden. Dank ihr müssen erst Millionen Menschen krank werden und sterben, bevor sich die Wahrheit durchsetzt.

Wassermann
zunehmender Mond

Montag

20

NOVEMBER

LeserInnen schreiben uns. Margit aus Ried im Innkreis: »Eure Mondtees sind wirklich genial! Ich schaue gar nicht so sehr auf die passende Mondphase, sondern gehe nach Gefühl. Sie haben die geheimnisvolle Eigenschaft, fit zu machen, wenn man geschafft ist, und zu entspannen, wenn man überdreht ist. Wie macht ihr das???«

Element:
Luft
Tagesqualität:
Licht
Nahrungsqualität:
Fett
Pflanzenteil:
Blüte
Körperzone:
Unterschenkel, Venen
Organsystem:
Drüsensystem

Wassermann
zunehmender Mond

Dienstag

21

NOVEMBER

Element:
Wasser
Tagesqualität:
Feuchte
Nahrungsqualität:
Kohlenhydrate
Pflanzenteil:
Blatt
Körperzone:
Füße, Zehen
Organsystem:
Nervensystem

Fische
zunehmender Mond

Fit zum richtigen Zeitpunkt – an Fischetagen. »Zehenrennen«: Wählen Sie die denkbar langsamste Fortbewegungsart, um Ihren Füßen die Fische-Energie zugutekommen zu lassen, und legen Sie im Stehen einen Meter zurück, indem Sie mit den Zehen den Boden greifen und dabei jedes Mal einen Zentimeter vorrutschen. Beginnen Sie dabei mit dem Gehen auf einem Teppichboden oder dergleichen, weil die Übung anfangs auf einem harten Boden etwas schmerzen kann. Sie gehört nebenbei bemerkt zu den allerbesten vorbeugenden und lindernden Maßnahmen gegen Schnupfen und Erkältung!

Mittwoch

22

NOVEMBER
Buß- und Bettag

Einfach zum Nachdenken

Der Lohn für Anpassung ist,
dass alle dich mögen,
außer du selbst.

Rita Mae Brown

Fische
zunehmender Mond

Element:
Wasser
Tagesqualität:
Feuchte
Nahrungsqualität:
Kohlenhydrate
Pflanzenteil:
Blatt
Körperzone:
Füße, Zehen
Organsystem:
Nervensystem

Donnerstag 23 NOVEMBER

Element:
Feuer
Tagesqualität:
Wärme
Nahrungsqualität:
Eiweiß, Frucht
Pflanzenteil:
Frucht
Körperzone:
Kopfbereich bis Oberkiefer
Organsystem:
Sinnesorgane

Gesund bleiben, gesund werden. Sie haben heute einen Zahnarzttermin? Nichts allzu Dringliches? Dann sollten wir nicht verschweigen, dass heute einer der ungünstigsten Tage im Jahr für einen Zahnarztbesuch ist. Die Zahl der Ärzte, die offen für das Wissen um die Natur- und Mondrhythmen sind, ist stark gewachsen. Zitat aus dem Buch »Mond und Zähne« von Dr. med. Siegfried Bücherl, ehemaliger Präsident des Bayrischen Zahnärzteverbandes: »Wer hätte das gedacht, dass der Mond noch mehr kann als nur wunderbar leuchten als Vollmond? … Ich habe versucht aufzuzeigen, dass er uns auch in dem kleinen Bereich Zahnmedizin hilfreich zur Seite stehen kann.«

Widder
zunehmender Mond

Freitag 24 NOVEMBER

Gesund bleiben, gesund werden. Zu unserer Arbeit gehört es, Ihnen zu helfen, negative Gewohnheiten abzulegen und gegen sinnvolles, der Gesundheit förderliches Verhalten einzutauschen. Das Thema heute: Fisch. Fisch wäre ein halbwegs verträgliches Nahrungsmittel, wenn man vom Giftgehalt, den meist umweltzerstörerischen Zuchtmethoden und der Ausbeutung der Meere absieht. Die Tötungsmethoden jedoch, mit denen Fisch heutzutage »behandelt« wird, sind absolut unmenschlich. Die Tiere ersticken meist qualvoll an der Luft. Diese Panik geht ins Fleisch über und macht Fisch zu keinem empfehlenswerten Lebensmittel.

Element:
Feuer
Tagesqualität:
Wärme
Nahrungsqualität:
Eiweiß, Frucht
Pflanzenteil:
Frucht
Körperzone:
Kopfbereich bis Oberkiefer
Organsystem:
Sinnesorgane

Widder
zunehmender Mond

Samstag

25

NOVEMBER

Element:
Erde
Tagesqualität:
Kälte
Nahrungsqualität:
Salz
Pflanzenteil:
Wurzel
Körperzone:
Unterkiefer, Halsregion
Organsystem:
Kreislauf

Stier
zunehmender Mond

Gesund bleiben, gesund werden. Wir werden oft gefragt, wann der beste Zeitpunkt für Zahnimplantate ist. Der Zahnarzt, mit dem wir befreundet sind, und alle, die die folgende Regel beherzigen, haben die besten Erfahrungen gemacht: Am besten bei abnehmendem Mond und gleichzeitig Widder und Stier meiden.

Sonntag

26

NOVEMBER

Einfach zum Nachdenken

Nehmen Sie Kritik ernst, aber nicht persönlich.
Wenn etwas Wahres oder Wertvolles dran ist,
sehen Sie es als Chance und lernen Sie.
Wenn nicht, kann es Ihnen sowieso egal sein.

Hillary Clinton

Stier
zunehmender Mond

Element:
Erde
Tagesqualität:
Kälte
Nahrungsqualität:
Salz
Pflanzenteil:
Wurzel
Körperzone:
Unterkiefer, Halsregion
Organsystem:
Kreislauf

Element:
Erde
Tagesqualität:
Kälte
Nahrungsqualität:
Salz
Pflanzenteil:
Wurzel
Körperzone:
Unterkiefer, Halsregion
Organsystem:
Kreislauf

Montag

27

NOVEMBER

10.14

Stier
Vollmond

Der besondere Tipp. Wieder einmal bringt der heutige Vollmond einen idealen Fasttag. Zur Erinnerung: Ihre Waage lässt den Tag der Mäßigung kaum ahnen, das Gegenteil jedoch – mehr essen als sonst – zeigt sich deutlich. Das sollte Ihren Entschluss, bei *jedem* Vollmond ein wenig kürzerzutreten, bestärken. Manchmal ist es einfach so, dass das Positive im Leben nicht sofort ins Gewicht fällt, hier im wahrsten Sinne des Wortes.

Dienstag

28

NOVEMBER

Gesund bleiben, gesund werden. Es gibt viele Wege, eine beginnende Erkältung so abzufangen, dass sie gar nicht erst ausbricht: Echinacin-Tropfen, Zehenspitzen im Schuh nach unten biegen usw. Eine weitere Methode möchten wir Ihnen heute vorstellen: Besonders an Zwillinge, aber auch an anderen Tagen sollten Sie nicht versäumen, eine Minute lang gerade noch erträglich heißes Wasser über Ihre Handgelenke laufen zu lassen. Was im Sommer einen überhitzten Kreislauf mit kaltem Wasser kühlt, kann umgekehrt zur Erkältungszeit mit heißem Wasser schnell von innen wärmen und eine Erkältung abwehren.

Element:
Luft
Tagesqualität:
Licht
Nahrungsqualität:
Fett
Pflanzenteil:
Blüte
Körperzone:
Schultern, Arme, Hände
Organsystem:
Drüsensystem

Zwillinge
abnehmender Mond

Mittwoch

29

NOVEMBER

Element:
Luft
Tagesqualität:
Licht
Nahrungsqualität:
Fett
Pflanzenteil:
Blüte
Körperzone:
Schultern, Arme, Hände
Organsystem:
Drüsensystem

Zwillinge
abnehmender Mond

LeserInnen schreiben uns. Monika aus Wien: »Zuerst dachte ich, dass die Mondgymnastik nur etwas für Jüngere sei, aber meine Schwester machte sie als Erste in der Familie, und sie ist jetzt fast 70. Kürzlich nahm sie nicht mehr den Aufzug zu meiner Wohnung im dritten Stock, sondern die Treppe. Seither mache ich die Übungen täglich und bewege mich wieder wie seit zehn Jahren nicht. Das wollte ich Ihnen nur dankbar mitteilen.« (siehe auch unser Buch *Fit zum richtigen Zeitpunkt*)

Donnerstag

30

NOVEMBER

Humor ist gute Medizin. Frankie und Lisa hatten einen fruchtlosen Streit und schwiegen sich gegenseitig an. Da fiel Frankie ein, dass er unbedingt um 5 Uhr früh geweckt werden musste, um den Flug für die Geschäftsreise zu erreichen. Um das Schweigeduell nicht zu verlieren, schrieb er einen Zettel: »Bitte weck mich um 5 Uhr!«, und gab ihn Lisa. Am nächsten Morgen erwachte er um 9 Uhr und fand einen Zettel auf dem Nachtkästchen: »Es ist 5 Uhr. Wach auf!«

Krebs
abnehmender Mond

Element:
Wasser
Tagesqualität:
Feuchte
Nahrungsqualität:
Kohlenhydrate
Pflanzenteil:
Blatt
Körperzone:
Brustbereich, Lunge
Organsystem:
Nervensystem

Element:
Wasser
Tagesqualität:
Feuchte
Nahrungsqualität:
Kohlenhydrate
Pflanzenteil:
Blatt
Körperzone:
Brustbereich, Lunge
Organsystem:
Nervensystem

Freitag

1

DEZEMBER

Krebs
abnehmender Mond

Medizin für die Seele. Macht euch frei von dem Gedanken, dass Gott mit seinen Wunderkräften weit entfernt im Himmel thront und dass ihr hilflose, kleine Würmer seid, die hier auf Erden unter einem Berg Schwierigkeiten begraben liegen. Denkt immer daran, dass hinter eurem Willen der göttliche Wille liegt, doch diese gewaltige Kraft kann euch nicht eher zu Diensten sein, als bis ihr empfänglich dafür werdet. *Yogananda*

Samstag

2

DEZEMBER

Der besondere Tipp. Wir sind sicher, wir alle wünschen uns Jahr um Jahr, dass wenigstens dieses Mal die Adventszeit geruhsamer verlaufen möge als das übrige Jahr. Wenn Sie sich fest dazu entschließen, dann klappt das auch. Natürlich können Sie Routinearbeiten nicht einfach liegen lassen. Um den Hausputz so leichthändig wie möglich zu gestalten, sollten Sie die Kraft des abnehmenden Mondes nutzen. Dann wird alles schneller sauber. Wenn Ihnen demnächst noch ein größerer Hausputz vorschwebt – mit Gardinen waschen, Teppiche reinigen usw. –, dann sollten Sie alles möglichst bis zum 12. Dezember erledigt haben.

Element:
Feuer
Tagesqualität:
Wärme
Nahrungsqualität:
Eiweiß, Frucht
Pflanzenteil:
Frucht
Körperzone:
Herzregion, Kreislauf
Organsystem:
Sinnesorgane

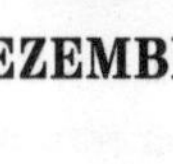

Löwe
abnehmender Mond

Sonntag

3

DEZEMBER

1. Advent

Element:
Feuer
Tagesqualität:
Wärme
Nahrungsqualität:
Eiweiß, Frucht
Pflanzenteil:
Frucht
Körperzone:
Herzregion, Kreislauf
Organsystem:
Sinnesorgane

Löwe
abnehmender Mond

Einfach zum Nachdenken

Das Gegenteil der Heiligen
sind nicht die Sünder,
sondern die Scheinheiligen.

Glenn Close

Montag

4

DEZEMBER

Barbaratag

Einfach zum Nachdenken

Das Glück ist nicht im ewig lachenden Himmel zu suchen,
sondern in feinen Kleinigkeiten,
aus denen wir unser Leben zusammenzimmern.

Carmen Sylva

Löwe
abnehmender Mond

Element:
Feuer
Tagesqualität:
Wärme
Nahrungsqualität:
Eiweiß, Frucht
Pflanzenteil:
Frucht
Körperzone:
Herzregion, Kreislauf
Organsystem:
Sinnesorgane

Element:
Erde
Tagesqualität:
Kälte
Nahrungsqualität:
Salz
Pflanzenteil:
Wurzel
Körperzone:
Verdauungsorgane
Organsystem:
Kreislauf

Dienstag

5

DEZEMBER

Jungfrau
abnehmender Mond

Gesund bleiben, gesund werden. An Jungfrau weisen wir gerne darauf hin, dass die Verdauung schneller überlastet ist als an anderen Tagen – ein typisches Phänomen für dieses Tierkreiszeichen. Schonen Sie sich deshalb, bevor festlichere Tage im kleinen Kreis beginnen. Der Sinn der Advents- und Weihnachtstage liegt ja nicht darin, Ihre Waage einem Stresstest zu unterziehen! Gegen eine mögliche Übersäuerung wirkt ein Glas Wasser mit einem Esslöffel Apfelessig am Abend oftmals wahre Wunder. Auch die vielen Kekse und Plätzchen, die lange vor ihrem beabsichtigten Schicksal den Weg zum Ziel finden, würden dann nicht so belastend wirken.

Mittwoch

6

DEZEMBER

Schön sein, schön bleiben. Gönnen Sie sich inmitten der weihnachtlichen Vorbereitungen auch einmal Zeit für sich selbst. Ein Termin bei einer Kosmetikerin könnte Ihnen heute Freude machen. Die Haut wird schön glatt, und wenn Sie eine eher empfindliche Haut haben, dann sollten Sie heute oder morgen die Gelegenheit nicht versäumen. Hautunreinheiten zu entfernen führt manchmal zu Entzündungen und manchmal nicht – eine Erfahrung, die viele teilen, auch jene, die keine Kosmetikstudios besuchen. Bei abnehmendem Mond jedenfalls ist die Haut unempfindlicher, Reizungen kommen kaum vor beziehungsweise verschwinden schneller.

Element:
Erde
Tagesqualität:
Kälte
Nahrungsqualität:
Salz
Pflanzenteil:
Wurzel
Körperzone:
Verdauungsorgane
Organsystem:
Kreislauf

Jungfrau
abnehmender Mond

Donnerstag

7

DEZEMBER

Element:
Luft
Tagesqualität:
Licht
Nahrungsqualität:
Fett
Pflanzenteil:
Blüte
Körperzone:
Hüfte, Nieren, Blase
Organsystem:
Drüsensystem

Waage
abnehmender Mond

Der besondere Tipp. Ein Tipp speziell für den Lichttag Waage – so können Sie verhindern, dass Brillengläser beschlagen: einfach mit einem kleinen Stückchen trockener Seife einreiben und mit einem ebenso trockenen Poliertuch nachreiben und sauber polieren. Funktioniert besonders bei abnehmendem Mond gut und hält dann länger.

Freitag

8

DEZEMBER

Mariä Empfängnis

Einfach zum Nachdenken

Das Leben ist wundervoll.
Es gibt Augenblicke, da möchte man sterben.
Aber dann geschieht etwas Neues,
und man glaubt, man ist im Himmel.

Édith Piaf

Waage
abnehmender Mond

Element:
Luft
Tagesqualität:
Licht
Nahrungsqualität:
Fett
Pflanzenteil:
Blüte
Körperzone:
Hüfte, Nieren, Blase
Organsystem:
Drüsensystem

Element:
Luft
Tagesqualität:
Licht
Nahrungsqualität:
Fett
Pflanzenteil:
Blüte
Körperzone:
Hüfte, Nieren, Blase
Organsystem:
Drüsensystem

Samstag

9

DEZEMBER

Gesund bleiben, gesund werden. Zum Tierkreiszeichen Waage gehören die Grundfarbe Gelb und die Kontrafarben Rot und Blau. Was auch immer Sie an Waagetagen für das Drüsensystem tun, wirkt besser als an allen anderen Tagen. Gelb in Kleidung und Lebensmitteln regt nicht nur die Inspiration an, sondern unterstützt auch Galle und Leber. Sie können damit ruhig schon bei Jungfrau beginnen. Der weitverbreitete Vitamin-C-Mangel lässt sich an Waage besser ausgleichen als an allen anderen Tagen.

Waage
abnehmender Mond

Einfach zum Nachdenken. »Die Fleischindustrie ist für mehr Todesfälle verantwortlich als alle Kriege des letzten Jahrhunderts, alle Naturkatastrophen, alle Autounfälle, alle Terroranschläge und Corona zusammengenommen. Wenn Fleisch in deinem Kopf ›richtiges Essen für richtige Leute‹ bedeutet, dann solltest du darauf achten, richtig nahe an einem richtig guten Krankenhaus zu wohnen.«

Dr. Neal Barnard, Präsident des US-amerikanischen Ärzteverbandes Verantwortliche Medizin

Sonntag

10

DEZEMBER
2. Advent

Element:
Wasser
Tagesqualität:
Feuchte
Nahrungsqualität:
Kohlenhydrate
Pflanzenteil:
Blatt
Körperzone:
Geschlechtsorgane
Organsystem:
Nervensystem

Skorpion
abnehmender Mond

Montag

11

DEZEMBER

Element:
Wasser
Tagesqualität:
Feuchte
Nahrungsqualität:
Kohlenhydrate
Pflanzenteil:
Blatt
Körperzone:
Geschlechtsorgane
Organsystem:
Nervensystem

Skorpion
abnehmender Mond

Gesund bleiben, gesund werden. Apropos Skorpion: Für Herz, Kreislauf und Gesundheit der Geschlechtsorgane ist Selen lebensnotwendig. Sehschärfe und Zeugungskraft lassen stark nach, wenn Selen fehlt. Kunstdünger und Pestizide haben es aus unseren Böden vertrieben. Der Potenzmittelumsatz würde stark sinken, wenn es auf dem Markt nur noch Bio-Karotten gäbe und sie auch in ausreichendem Maß auf den Tisch kämen, weil sie erstklassige Selen-Lieferanten sind. Brillen und Potenzprobleme sind heute schon so selbstverständlich geworden, dass man kaum noch über diese Mangelerscheinung als Ursache nachdenkt.

Dienstag

12

DEZEMBER

Rezepte aus unserem neuen Buch *Alpha-Omega-Formel* – Bananen-Curry-Cremesuppe. Ein Gedicht für Omega-Typen! **Was Sie brauchen:** 30 g Margarine oder etwas Öl * 1 Stange Lauch, nur das Weiße, fein geschnitten * 1 Knoblauchzehe, fein geschnitten * 2 Bananen * 2 EL Currypulver * 40 g Hirse, gemahlen * 1 l Gemüsebrühe * 125 ml Sojadrink oder Sojasahne (»Cuisine«), wenn Sie es noch cremiger wollen * Salz, Pfeffer * Sojasoße oder Tamari zum Abschmecken *(Lesen Sie morgen weiter)*

Element:
Feuer
Tagesqualität:
Wärme
Nahrungsqualität:
Eiweiß, Frucht
Pflanzenteil:
Frucht
Körperzone:
Oberschenkel, Venen
Organsystem:
Sinnesorgane

Schütze
abnehmender Mond

Element:
Feuer
Tagesqualität:
Wärme
Nahrungsqualität:
Eiweiß, Frucht
Pflanzenteil:
Frucht
Körperzone:
Oberschenkel, Venen
Organsystem:
Sinnesorgane

Mittwoch 13 DEZEMBER

(Fortsetzung von gestern) **Und so geht's:** Margarine oder Öl erhitzen und den Lauch darin anschwitzen. Dann Knoblauch zufügen und noch eine Minute mitbraten. Eineinhalb Bananen mit der Gabel zerdrücken und dazugeben. Mit etwa 2 EL Curry bestäuben und die Hirse unterrühren. Mit der Gemüsebrühe auffüllen, erhitzen und mit einem Stabmixer pürieren. Die restliche Banane fein schneiden und in die Suppe geben. Sojadrink oder -sahne einrühren. Noch einmal leicht erhitzen, aber nicht mehr aufkochen. Mit Salz, Pfeffer, Curry und Sojasoße abschmecken. Ein wahres Essvergnügen! Schmeckt natürlich auch Alpha-Typen, aber Banane und Margarine werden sie etwas »bremsen«.

00.31

Schütze
Neumond

Donnerstag 14 DEZEMBER

Schön sein, schön bleiben. Eine kleine Anekdote am Hautpflegetag Steinbock: Eine große amerikanische Kosmetikfirma unternahm vor Jahren eine Studie, welche Berufsgruppe unter den Frauen die beste Haut habe. Das Ergebnis wurde später nicht an die große Glocke gehängt, denn Klosterschwestern trugen mit Abstand den Sieg davon! Sie benutzen nur sehr selten Hautpflegemittel. Ihr erster Platz hat allerdings auch einen guten Grund: Erstens ernähren sie sich gesünder, und zweitens ist ihre Haut sicherlich nicht allzu oft den Strapazen des modernen Stadt- und Freizeitlebens (zu viel Sonnenbestrahlung!) ausgesetzt.

Element:
Erde
Tagesqualität:
Kälte
Nahrungsqualität:
Salz
Pflanzenteil:
Wurzel
Körperzone:
Knie, Knochen, Haut
Organsystem:
Kreislauf

Steinbock
zunehmender Mond

Freitag

15

DEZEMBER

Element:
Erde
Tagesqualität:
Kälte
Nahrungsqualität:
Salz
Pflanzenteil:
Wurzel
Körperzone:
Knie, Knochen, Haut
Organsystem:
Kreislauf

Steinbock
zunehmender Mond

Schön sein, schön bleiben. Was bewirkt eigentlich die Wahl des richtigen Zeitpunkts bei einer Hauttiefenreinigung? Der Unterschied in der Wirkung von Tiefenbehandlungen ist vielen bekannt, nur der Hauptgrund dafür nicht. Zwar ist nicht der Mond allein dafür verantwortlich, aber eine wesentliche Rolle spielt er sicherlich. An Steinbocktagen herrscht beispielsweise ein ganz besonderer Einfluss, was die Wirkung auf die Haut als Ganzes betrifft. Zwar sollte man die Hautpflege niemals vernachlässigen, aber ganz besonders nicht an Steinbocktagen. Gerade die Hauttiefenreinigung ist dann begünstigt.

Samstag

16

DEZEMBER

Der Mond – Ihr guter Freund in Haushalt und Alltag. Oftmals verliert man die Lust am Backen, weil hinterher immer eine »Sauerei« zu beklagen ist. Unser Tipp: Das passiert fast immer, weil man warmes Wasser zum Reinigen verwendet hat! Bei Mehlrückständen immer nur kaltes Wasser verwenden, das ist das ganze Geheimnis! In größeren Abständen das Holzbrett mit einem Hauch Spülmittel abwaschen, dann aber mit viel Wasser nachspülen. Auswaschen von Schüsseln ebenfalls kalt. Holzgefäße und Nudelbretter dabei niemals nur einseitig mit kaltem Wasser reinigen, immer beide Seiten! Danach auf einen Rost stellen, damit sie gut abtropfen und gleichmäßig trocknen können.

Wassermann
zunehmender Mond

Element:
Luft
Tagesqualität:
Licht
Nahrungsqualität:
Fett
Pflanzenteil:
Blüte
Körperzone:
Unterschenkel, Venen
Organsystem:
Drüsensystem

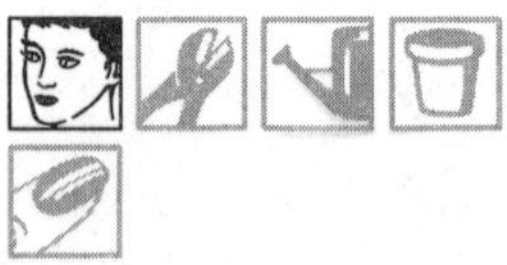

Element:
Luft
Tagesqualität:
Licht
Nahrungsqualität:
Fett
Pflanzenteil:
Blüte
Körperzone:
Unterschenkel, Venen
Organsystem:
Drüsensystem

Sonntag

17

DEZEMBER

3. Advent

Einfach zum Nachdenken

Ein Kind, ein Lehrer, ein Buch
und ein Stift können die Welt verändern.

Malala Yousafzai

Wassermann
zunehmender Mond

Der besondere Tipp. Gut vorbereitet ist halb gewonnen: An Fischetagen ist die Wirkung von Nikotin, Alkohol und Medikamenten intensiver als zu fast allen anderen Zeiten, speziell bei zunehmendem Mond. Nehmen Sie Auseinandersetzungen und Überreaktionen nicht zu tragisch, manchmal lag es nur am heutigen »Mond-Klima«. Meditieren wäre da ein wirksames Gegenmittel – zum Beispiel, wie schon oft empfohlen, mit Farben. Versuchen Sie einmal, sich an Fischetagen die Füße einige Minuten lang in bläulich-weißes Licht getaucht vorzustellen. Das hat eine kräftigende und heilende Wirkung auf diesen Körperbereich.

Montag

18

DEZEMBER

Element:
Wasser
Tagesqualität:
Feuchte
Nahrungsqualität:
Kohlenhydrate
Pflanzenteil:
Blatt
Körperzone:
Füße, Zehen
Organsystem:
Nervensystem

Fische
zunehmender Mond

Dienstag

19

DEZEMBER

Element:
Wasser
Tagesqualität:
Feuchte
Nahrungsqualität:
Kohlenhydrate
Pflanzenteil:
Blatt
Körperzone:
Füße, Zehen
Organsystem:
Nervensystem

Fische
zunehmender Mond

Schön sein, schön bleiben. Was bewirkt eigentlich der falsche Zeitpunkt beim Hornhautentfernen? Bei Steinbock behandelt, wird die Haut hinterher noch härter, bei Fische ist sie hernach zu empfindlich. Erfahrene Fußpflegerinnen können jedoch auch an Fische ans Werk gehen. Sie wissen in der Regel, dass jedes Zuviel von Übel ist.

Mittwoch

20

DEZEMBER

Gesund bleiben, gesund werden. Ein Tipp am »Zähne-Tag« Widder: Meersalz, Brottrunk oder verschiedene Kräutertees (Salbei, bei Entzündungen Kamille, bei stärkerem Zahnfleischbluten Hirtentäschel) eignen sich hervorragend als natürliche Mundspülung. Sie kräftigen das Zahnfleisch und beugen Entzündungen vor. Das Kauen von Brombeerblättern bei Zahnfleischbluten ist ebenfalls ein gut wirksames Mittel. Eines der allerbesten Mittel zur täglichen Zahnpflege ist Buchenholzasche. Sie wirkt hervorragend und erfüllt alle Anforderungen, die die Zahnheilkunde an ein Putzmittel stellt.

Widder
zunehmender Mond

Element:
Feuer
Tagesqualität:
Wärme
Nahrungsqualität:
Eiweiß, Frucht
Pflanzenteil:
Frucht
Körperzone:
Kopfbereich bis Oberkiefer
Organsystem:
Sinnesorgane

Donnerstag 21 DEZEMBER

Element:
Feuer
Tagesqualität:
Wärme
Nahrungsqualität:
Eiweiß, Frucht
Pflanzenteil:
Frucht
Körperzone:
Kopfbereich bis Oberkiefer
Organsystem:
Sinnesorgane

Moon Power für Garten, Feld und Wald. Heute ist wieder der »Thomastag«, der beste Holzschlagetag im ganzen Jahr. Die Qualität des heute geernteten Holzes ist so gut, dass sie für fast jeden Zweck und Anwendungsbereich von Holz geeignet ist – mit Ausnahme von Brennholz, mit dem man später wohl nicht so glücklich wird. Überall dort, wo es um Dauerhaftigkeit, Reißfestigkeit usw. geht, da ist Holz vom Thomastag der Stoff der Wahl. Wichtig: Alle alten Regeln zum Holzschlagen haben jedoch nur dann Gültigkeit, wenn das Holz auf natürliche Weise getrocknet wird. Nur die Restfeuchte darf schonend in Trockenkammern beseitigt werden.

Widder
zunehmender Mond

Freitag 22 DEZEMBER

Der besondere Tipp. Manche Menschen reagieren deutlich nicht nur auf die Zeit kurz vor Vollmond, sondern auch auf den Mondstand im Tierkreis. Widder ist so ein »spezieller Kandidat«. Lassen Sie sich von der Gereiztheit, die dann manchmal in der Luft liegt, nicht anstecken – und gehen Sie Streit aus dem Weg. Besonders wichtig in den Tagen vor Vollmond (am nächsten Mittwoch), wo es manchmal schwer ist, mit Vernunft durchzukommen. Ein Zitat zum Meditieren: »Suchen Sie sich eine Umgebung, die Ihnen Fehler gestattet. Nicht Fehler machen ist der springende Punkt, sondern der Umgang mit ihnen.«

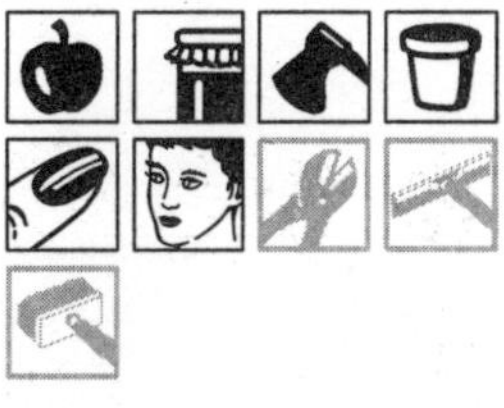

Element:
Feuer
Tagesqualität:
Wärme
Nahrungsqualität:
Eiweiß, Frucht
Pflanzenteil:
Frucht
Körperzone:
Kopfbereich bis Oberkiefer
Organsystem:
Sinnesorgane

Widder
zunehmender Mond

Samstag

23

DEZEMBER

Element:
Erde
Tagesqualität:
Kälte
Nahrungsqualität:
Salz
Pflanzenteil:
Wurzel
Körperzone:
Unterkiefer, Halsregion
Organsystem:
Kreislauf

Stier
zunehmender Mond

Der besondere Tipp. Auch in diesem Jahr möchten wir daran erinnern, dass alljährlich die Tage zwischen dem Heiligen Abend und dem 6. Januar eine besondere Kraft mitbringen. Man kann sie gewinnbringend nutzen, wenn man sich an diesen Tagen möglichst nur mit positiven, fruchtbaren Dingen beschäftigt. Früher war es üblich, diese besondere Energie zu nutzen, indem man zwischen 23 Uhr und Mitternacht einen kurzen Spaziergang machte. Das funktioniert auch heute noch und ist sicherlich ein Grund dafür, dass die Christmette so spät angesetzt war und ist. Wir wünschen Ihnen fröhliche und friedliche Weihnachten!

Sonntag

24

DEZEMBER
Heiliger Abend
4. Advent

Medizin für die Seele. »Es scheint so unpraktisch, die ganze Zeit an Gott zu denken«, sagte einmal ein Besucher zu Yogananda. Die Antwort lautete: »Die Welt ist ganz Ihrer Meinung – aber ist die Welt glücklich? Wer Gott, den Inbegriff der Glückseligkeit, verlässt, sucht vergebens nach wahrer Freude. Echte Gottsucher leben schon auf Erden im inneren Himmel des Friedens; die anderen aber, die ihn vergessen, verbringen ihre Tage in der selbst geschaffenen Unterwelt der Ungewissheit und Enttäuschungen. Wer daher mit Gott Freundschaft schließt, handelt wirklich praktisch.«

Stier
zunehmender Mond

Element:
Erde
Tagesqualität:
Kälte
Nahrungsqualität:
Salz
Pflanzenteil:
Wurzel
Körperzone:
Unterkiefer, Halsregion
Organsystem:
Kreislauf

Montag 25 DEZEMBER

1. Weihnachtsfeiertag

Element:
Luft
Tagesqualität:
Licht
Nahrungsqualität:
Fett
Pflanzenteil:
Blüte
Körperzone:
Schultern, Arme, Hände
Organsystem:
Drüsensystem

Zwillinge
zunehmender Mond

Medizin für die Seele. Gott bittet euch nicht, ihn über alles zu lieben, denn er möchte, dass ihr ihn aus eigenem Antrieb, das heißt ohne »Aufforderung« liebt. Das ist das geheime Spiel dieses Universums. Er, der uns erschaffen hat, sehnt sich nach unserer Liebe. Er will, dass wir sie ihm freiwillig schenken, ohne dass er uns dazu nötigt. Unsere Liebe ist das Einzige, was Gott nicht besitzt, es sei denn, dass wir sie ihm schenken. Ihr seht also, selbst für Gott gibt es noch etwas, das er erlangen muss: unsere Liebe. Und wir können nie richtig glücklich werden, wenn wir sie ihm vorenthalten. *Yogananda*

Dienstag 26 DEZEMBER

2. Weihnachtsfeiertag

Einfach zum Nachdenken

Die wichtigste Stunde ist immer die Gegenwart,
der bedeutendste Mensch immer der,
der dir gerade gegenübersteht,
und das notwendigste Wohl ist immer die Liebe.

Meister Eckhart

Element:
Luft
Tagesqualität:
Licht
Nahrungsqualität:
Fett
Pflanzenteil:
Blüte
Körperzone:
Schultern, Arme, Hände
Organsystem:
Drüsensystem

Zwillinge
zunehmender Mond

Mittwoch

27

DEZEMBER

Element:
Wasser
Tagesqualität:
Feuchte
Nahrungsqualität:
Kohlenhydrate
Pflanzenteil:
Blatt
Körperzone:
Brustbereich, Lunge
Organsystem:
Nervensystem

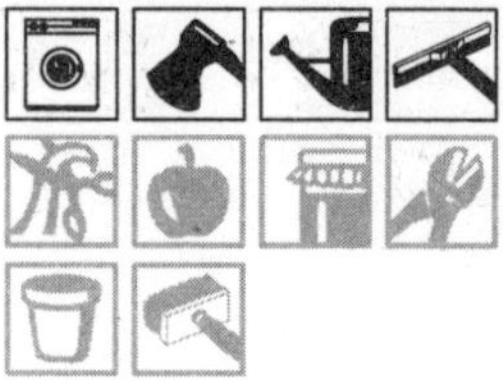

01.32

Krebs
Vollmond

Der besondere Tipp. Weihnachtszeit, Jahreswechsel, Vollmond im Krebs – eine Kombination, die viele Menschen das Familienleben eher als drückend empfinden lässt. Vielleicht liegt es daran, dass in solchen Zeiten die Wahrheit offener zutage tritt. Man fühlt deutlicher den Unterschied zwischen Schein und Wirklichkeit. Und so mancher verkraftet das nicht so gut. Wie auch immer – noch werden wir Menschen mit dem Geschenk des freien Willens geboren. Wir können, wenn wir uns dafür entscheiden, diese besondere Zeit nutzen für Regeneration und Neuanfang. Kosmische Kräfte unterstützen uns in der Zeit bis zum 6. Januar.

Donnerstag

28

DEZEMBER

Der besondere Tipp. Meditation – das bedeutet nicht nur, den Geist still und leer zu machen, sondern auch, der eigenen Vorstellungskraft ein sinnvolles Ziel zu geben. Versuchen Sie einmal, sich an Krebstagen wie heute die Brustregion einige Minuten lang in grünes Licht getaucht vorzustellen. Das hat eine kräftigende und heilende Wirkung auf diesen Körperbereich. Das gilt auch, wenn Sie es bei einem anderen Menschen machen, dem Sie damit heilende Kräfte schicken können.

Krebs
abnehmender Mond

Element:
Wasser
Tagesqualität:
Feuchte
Nahrungsqualität:
Kohlenhydrate
Pflanzenteil:
Blatt
Körperzone:
Brustbereich, Lunge
Organsystem:
Nervensystem

Element:
Wasser
Tagesqualität:
Feuchte
Nahrungsqualität:
Kohlenhydrate
Pflanzenteil:
Blatt
Körperzone:
Brustbereich, Lunge
Organsystem:
Nervensystem

Freitag

29

DEZEMBER

Krebs
abnehmender Mond

Der besondere Tipp. »Ab heute wird alles anders!« – Alljährlich erleben wir das gleiche Schauspiel: So viele gute Vorsätze werden an Silvester gefasst und mehr oder weniger erfolgreich durchgehalten. Meistens leider weniger. Auch Sie wollen das Jahr 2024 mit guten Absichten beginnen? Um den nötigen Schwung und die Kraft für deren Verwirklichung zu gewinnen, sollten Sie die Vorsätze kurz auf Eis legen und erst zu Neumond am 11. Januar damit Ernst machen! Neumond ist immer ein besserer Geburtshelfer für die guten Vorsätze als irgendein beliebiger Silvestertag. Wir wünschen viel Erfolg!

Samstag

30

DEZEMBER

Der besondere Tipp. Reinigender Rauch – für Abschluss und Neubeginn! In dieser Zeit des Umbruchs sowohl in materieller als auch in geistiger Hinsicht möchten wir an die Kunst des »Räucherns« erinnern – eine uralte Methode, um negative Energien zu beseitigen und den Geist für Neues zu öffnen. Auch wenn die Moderne so manches Brauchtum und Tradition belächelt, das Räuchern hilft, Kraft für einen Neuanfang zu sammeln.

Element:
Feuer
Tagesqualität:
Wärme
Nahrungsqualität:
Eiweiß, Frucht
Pflanzenteil:
Frucht
Körperzone:
Herzregion, Kreislauf
Organsystem:
Sinnesorgane

Löwe
abnehmender Mond

Sonntag

31

DEZEMBER

Silvester

Element:
Feuer
Tagesqualität:
Wärme
Nahrungsqualität:
Eiweiß, Frucht
Pflanzenteil:
Frucht
Körperzone:
Herzregion, Kreislauf
Organsystem:
Sinnesorgane

Löwe
abnehmender Mond

Einfach zum Nachdenken

Wir brauchen nicht so fortzuleben,
wie wir gestern gelebt haben.
Macht Euch nur von dieser Anschauung los,
und tausend Möglichkeiten laden Euch
zu neuem Leben ein.

Christian Morgenstern

Montag

1

JANUAR

Neujahr

Wir wünschen Ihnen alles Liebe und Gute für 2024!

Möge in Erfüllung gehen,
was Sie sich für die Zukunft wünschen,
möge kommen,
was Sie für Ihren Weg brauchen.

Ihre Johanna Paungger-Poppe & Thomas Poppe

Jungfrau
abnehmender Mond

Element:
Erde
Tagesqualität:
Kälte
Nahrungsqualität:
Salz
Pflanzenteil:
Wurzel
Körperzone:
Verdauungsorgane
Organsystem:
Kreislauf

Die *Paungger & Poppe*-Service-Seiten

Der Mond im Internet

Sie finden uns im Internet unter www.paungger-poppe.com. Dort warten Infos zu allen möglichen Dingen, Leseproben, Vortragstermine. Sie können auch unsere Bücher, Kalender und Produkte direkt bestellen, den Alpha-Omega-Fragebogen ausfüllen und die Gesundheitswochen-Infos direkt herunterladen. Sagen Sie es all Ihren Freunden, Verwandten und Bekannten in aller Welt: Die Homepage ist auch in Englisch online!

Mondwochen mit Johanna Paungger-Poppe

Es sind jetzt schon über 1000 LeserInnen, die an einer Gesundheitswoche mit Johanna teilgenommen haben, viele davon mehrmals in den Wochen für »Fortgeschrittene«. Für alle war es ein besonderes Erlebnis und für viele sogar ein Wendepunkt im Leben. Weil immer wieder der Wunsch auftaucht, an solchen Wochen auch in Deutschland teilnehmen zu können, sind wir zusätzlich auf der Suche nach einem geeigneten Hotel. Die Küche müsste bio und vegan kochen können. Alpha-Omega-Erfahrung wäre von Vorteil, aber da helfen wir gerne, es einfach und unkompliziert zu integrieren. Nur so können wir unseren LeserInnen geografisch entgegenkommen. Schreiben Sie uns mit Ihrer Anfrage und eventuell mit Tipps.

Der Alpha-Omega-Ernährungstyp

Von entscheidender Bedeutung für die Umstellung auf eine gesunde Ernährung ohne Diätstress ist die Kenntnis des eigenen Ernährungstyps. Gesundheit aus eigener Kraft ist erst dann ein mühelos erreichbares Ziel. Unsere Arbeit auf diesem Gebiet trägt inzwischen Früchte, und wir freuen uns täglich über die positiven Zuschriften. Besonders unser Buch zum Thema, die *Alpha-Omega-Formel,* hat dazu beigetragen, dass dieses wertvolle Wissen unserer Vorfahren wieder seinen angestammten Platz einnimmt.

Natürlich ist es manchmal schwierig, nach Jahrzehnten der Gewöhnung an bestimmte Nahrungsmittel den Ernährungstyp auf Anhieb zu erkennen. Hier unser Angebot: Auf unserer Website **www.paunggerpoppe.com** ermitteln wir für Sie den persönlichen Ernährungstyp anhand eines Fragebogens (Menüpunkt »Service«). Sie erhalten nach einigen Tagen Ihre Auswertung und eine genaue Beschreibung des ermittelten Ernährungstyps (zum Preis von 18,– €, per E-Mail).

Ihr persönlicher Biorhythmus

Wie wertvoll die Kenntnis der persönlichen Biorhythmen ist, haben wir ausführlich in unserem Buch *Aus eigener Kraft* dargestellt, ebenso wie Sie ihn selbst ausrechnen können.

Unser Angebot: Wir senden Ihnen auf Anfrage an vrz@aon.at eine genaue Anleitung zu, wie Sie Ihren persönlichen Biorhythmus selbst ausrechnen können.

Rund um den richtigen Zeitpunkt

Oftmals werden wir gefragt, warum unsere Kalender keine Angaben zum richtigen Zeitpunkt von Geschäftsabschlüssen, Verhandlungen, Liebe nach dem Mond usw. enthalten. Die Antwort fällt nicht schwer: Was in anderen Mondkalendern auf dem Buchmarkt an »Mehrwert«-Informationen enthalten ist, wird in der Regel nicht vom Mond beeinflusst oder eignet sich eigentlich nicht zur Aufnahme in einen Kalender.

Die Frage, warum sich manch andere Mondkalender von unseren unterscheiden, beantworten wir ausführlich per E-Mail oder Brief, wenn Sie wollen. Hier nur so viel: Unsere Kalender sind nicht »unsere« Kalender. Sie werden seit Jahrtausenden so und nicht anders berechnet und verwendet. Andere Kalender sind nicht unbedingt falsch, aber sie sind nicht Grundlage des Wissens gewesen, das wir Ihnen in unseren Büchern nahebringen. Wer sich in der Praxis des Mondwissens auskennt, findet schnell heraus, womit er arbeiten kann und womit eher nicht.

Manche Kalenderverfälschung geschieht auch absichtlich. Im Laufe der Geschichte ist das Mondwissen immer wieder in Vergessenheit geraten, weil ein Naturgesetz an der Arbeit ist, nämlich dass sich Kirchen und Staat stets vor dem mündigen Bürger fürchten. Ein unabhängiger, selbstverantwortlicher Geist ist für jedes Macht- und Ausbeutungsinteresse kein lohnendes Opfer. Wer erkannt hat, dass echtes Glück niemals von Äußerlichkeiten abhängt, entgleitet seinen Fängen. Und Wissen ist für manche die größte Bedrohung. Glücklicherweise leben wir heute in Zeiten mit relativ großer Freiheit, sich korrekt zu informieren, der eigenen Erfahrung zu vertrauen und nach ihr zu handeln. Nutzen wir diese Freiheit!

Mit unserem Mond-Versand immer auf der Höhe!

Wenn Sie sich generell für unsere Arbeit, für Kalender, Bücher und gute Sachen rund um den richtigen Zeitpunkt interessieren und stets auf dem Laufenden bleiben wollen, schreiben Sie uns und fordern Sie kostenlos unseren kleinen Versandkatalog an oder besser noch: Laden Sie ihn sich gleich herunter!

Bei der untenstehenden Adresse können Sie auch alle Serviceleistungen, Alpha-Omega-Auswertung usw. anfordern. »Warum gibt es den Mondversand eigentlich«, werden wir oft gefragt. »Warum tun Sie sich das auch noch an?«, wollten manche unserer LeserInnen wissen. Nun, erstens wollen wir zeigen, dass unsere Vorfahren keine Narren waren in ihrer Achtsamkeit auf den Lauf des Mondes und auf die Gesetze, die den »richtigen Zeitpunkt« bestimmen. Die Zukunft zwingt uns, wieder auf natürliche, umweltschonende und damit menschenwürdige Methoden der Herstellung von Gebrauchsgegenständen zurückzugreifen. Wir tun es schon jetzt.

Zweitens bemühen wir uns alle gemeinsam, Fairness walten zu lassen – faire Herstellung ohne Ausbeutung von Mensch und Natur, faires Miteinander im Handel. Wir fördern ehrliche Arbeit und altes Handwerk. Immer mehr Menschen sollen verstehen: Durch Spekulation und Ausbeutung verdientes Geld ist menschenunwürdig und im wahrsten Sinne umweltschädlich. Nur echtes Miteinander löst alle Probleme. Das Gegeneinander in der Welt dient bestimmten Interessen. Es sind niemals Ihre Interessen, liebe LeserInnen! Deshalb ist es uns eine besondere Freude, Ihnen weiterhin unsere einmalige Kosmetik »vom richtigen Zeitpunkt« anzubieten, unsere Mond-Tees, die Kräuterkissen, die schönen Dinge aus Mondholz »vom richtigen Zeitpunkt«, die Alpha-Omega-Pausensnacks für Büro und Schule usw.

Wir informieren Sie:

Mondversand
Paungger & Poppe
Postfach 3
A-5230 Mattighofen
E-Mail: paungger.poppe@aon.at
www.paungger-poppe.com
www.mondversand.at
www.mondversand.de

Liebe Leserinnen und Leser, bitte haben Sie Verständnis, wenn wir es nicht immer schaffen, alle privaten Anfragen zu beantworten. Bis heute können wir diese Arbeit nur persönlich erledigen.